코로나 시대
한국의 미래

코로나 시대 한국의 미래

초판 1쇄 발행 2020년 11월 10일

지은이 여시재 포스트 COVID-19 연구팀
펴낸이 김형근
펴낸곳 서울셀렉션㈜
편   집 지태진
디자인 이찬미

등   록 2003년 1월 28일(제1-3169호)
주   소 서울시 종로구 삼청로 6 출판문화회관 지하 1층 (우-03062)
편집부 전화 02-734-9567 팩스 02-734-9562
영업부 전화 02-734-9565 팩스 02-734-9563
홈페이지 www.seoulselection.com
이메일 hankinseoul@gmail.com

ⓒ 2020 여시재 포스트 COVID-19 연구팀
ISBN 979-11-89809-40-9 03320

코로나 시대
한국의 미래

여시재 포스트 COVID-19 연구팀

서울셀렉션

들어가는 글: 코로나19라는 위기와 기회

여시재 포스트 COVID-19 연구팀

우리가 알던 세상은 더 이상 존재하지 않는다. 예수 탄생 이전과 이후로 역사를 구분하던 'BC_Before Christ_와 AD_Announced Domino_(주의 해)'라는 표기법은 '코로나 이전_BC, Before Corona_과 이후_AD, After Disease_'라는 새로운 의미를 얻게 됐다. 이제 인류는 포스트 코로나 시대에 주목한다. 미래는 어떤 모습으로 우리에게 다가올 것인가.

역사적으로 팬데믹의 발생은 문명적 전환기와 교차해왔다. 수렵과 채집에서 농경으로 정착할 때, 농경에서 산업사회로 전환될 때, 문명과 문명이 충돌할 때 새로운 질병이 발생했고, 인류는 대변혁을 통해 문명의 진화를 이루었다. 14세기 유럽과 중국, 중동, 아프리카를 돌며 100년 이상 이어진 흑사병은 당시 유럽 인구의 3분의 1을 사망에 이르게 하는 동시에 중세의 몰락을 앞당겼다. 급격한 인구 감소로 노동력이 부족해지면서 중세 유럽을 지탱하던 영주와 농노의 관계가 깨지고 봉건주의에서 자본주의로의 변화를 이끌게 된다. 1918년 1차 세계대전 막바지에 창궐한 스페인 독감은 몇 차례의 대유행을 거치며

5,000만 명에서 많게는 1억 명의 사망자를 낸 것으로 추산된다. 스페인 독감으로 '해가 지지 않는 나라'였던 대영제국은 가라앉았고 미국이 새로운 세계 패권국으로 부상하는 세계 질서의 재편이 이루어졌다.

코로나19 팬데믹이라는 미증유의 상황 앞에서 우리는 또다시 문명사적 대전환기에 놓여 있음을 실감한다. 뉴노멀New Normal과 뉴애브노멀New Abnormal이라는 말이 동시에 쓰이는 상황 자체가 이 시대의 혼란을 대변한다. 특히 4차 산업혁명이 촉발한 디지털 전환과 맞물려 코로나19는 세계를 파괴적으로 변혁시킬 것으로 예견된다. 글로벌 공급망의 붕괴와 노동시장의 변화로 인한 일자리 파괴, 글로벌 리더십의 부재로 인한 국제정치 질서의 혼란은 한 치 앞을 내다보기 힘든 상황으로 우리를 내몰고 있다.

많은 이들이 코로나19를 '자연의 역습'이라고 해석한다. '신의 시대'에서 '인간의 시대'로 전환된 이후 400~500년 만에 찾아온 문명사적 대전환의 시기에 놓여 있다고 해도 과언이 아니다. 인간과 자연의 새로운 관계, 소통의 방법을 찾아가는 과정이 뉴노멀인 것이다. 그동안 당연시하던 일들이 앞으로는 부정될 것이며, 상충하는 것들이 각축하는 상황도 지속될 것이다. 국제 협력 대신 차단이, 자유무역 대신 보호무역과 자국중심주의가, 인권 대신 국가 중심 효율성이 힘을 얻어갈 것이다. 강한 정부라는 당장의 필요성에 기본권의 제도적 기반이 훼손될 가능성도 점점 커지고 있다.

여시재는 WHO(세계보건기구)가 팬데믹을 선언하기 전인 2020년 2월 말 '포스트 COVID-19 준비위원회'를 구성한 후 코로나19가 바꿔

놓을 세상을 전망하고 대응 방안을 논의해왔다. 세미나와 토론회를 수십 차례 진행하면서 관성적인 준비와 대응에 머무른다면 결국 더 큰 재앙 앞에 내던져질 수밖에 없다는 냉엄한 현실을 직시해야 했다.

특히 코로나19 이후 발생할 수 있는 양극화에 대한 우려가 제기되었다. 지금 맞고 있는 경제적 어려움은 시작일 뿐이라는 공감대가 형성되었다. 재난은 취약 계층을 먼저 공격하기 마련이다. 한국 역시 소규모 자영업을 중심으로 하는 저소득 계층이 직면할 고통과 중산층에서의 탈락, 이로 인해 빈부 격차가 심화되는 상황이 예상되었다. 지원이 필요한 계층에 대한 정부의 대응은 신속하면서도 무차별적이어야 한다는 기조가 형성되었다. 양극화 확대를 방치할 경우 경제가 건전한 회복이 아닌 장기 침체의 길로 빠질 수 있다는 경고가 나왔다. 개인뿐 아니라 기업에 대해서도 기준선은 마련하되 그 범위 내에서는 무차별적인 지원이 필요하다는 주장이 힘을 얻었다. 일종의 '긴급 연명 자금'이 필요하다는 것이다.

국제사회에서 미국과 중국 간 갈등 국면은 코로나19 이후를 내다보는 또 다른 변수였다. 세계는 'G0(제로)' 시대로 규정되고 있다. 한국을 둘러싼 미중일러는 각자도생으로 자국 이익을 최우선으로 하는 신질서 구축에 혈안이 되었다. 우리의 한계를 인식하고 정체성을 분명하게 확립하는, 냉철한 현실주의가 그 어느 때보다 필요한 시점을 맞게 되었다.

코로나19를 겪으며 한국은 방역이 진영과 이념을 넘어서는 것이라는 사실을 확인했다. 더불어 우리는 방역 대응이 세계 최고 수준이라는 자신감을 얻으며 다른 국가들에 모범이 되는 'K-방역' 모델을 만들었다. 다만 오만에 빠지거나 정부가 그동안 못했던 일들을 한꺼번에 이루려는 과욕을 부려서는 안 된다는 신중론도 제기되었다. 이번 기회에 한국이 퀀텀 점프quantum jump를 할 수 있는 작은 기초를 마련한다는 자세로 미래 전략을 세우는 지혜가 필요하다는 데 의견이 모아졌다. 결국 이 위기를 어떻게 헤쳐 나가는가에 우리 국가의 운명이 걸렸다는 데는 이견이 없었다.

여시재는 5개월간 진행한 포스트 코로나19 시대에 대한 논의의 폭을 넓히고 결과를 공유하기 위해 '포스트 코로나와 한국의 미래'를 주제로 국회에서 세 차례에 걸쳐 토론회를 진행했다. 토론회를 통해 디지털 전환의 시대에 걸맞은 우리 경제의 혁신 과제를 모색했다. 또 미중 갈등이 심화하는 국제 리더십 부재의 시대에 한국의 외교 전략을 고민하는 시간을 가졌다. 마지막으로 미래에 또 다가올 감염병에 대응할 수 있는 국제 보건의료 시스템과 생명과학의 미래를 논의했다. 그 결과를 이 책에 담았다. 팬데믹이 몰고 올 변화에 더 빠르고 능동적으로 대처하기 위한 정책 제언이다.

1부에서는 코로나19가 무너뜨린 국제 정치와 경제, 우리 삶의 질서를 조망했다. 지속 불가능한 생활 방식으로 한계를 드러낸 대도시의 문제, 세계화와 함께 촘촘하게 연결된 국제 공급망의 재편, 첨예한 갈등을 보여주는 국제 리더십의 부재를 통해 기존 패러다임의 붕괴를 살펴봤다. 2부에서는 코로나19 이후 새롭게 맞이할 미래의 모습을 전망했다. 대도시에서 벗어나 로컬의 장점에 주목한 새로운 도시의 가능성, 노동, 교육, 의료 등 우리 삶 전반의 변화를 예상했다. 3부에서는 패러다임이 재정립되는 미래에 한국을 도약시킬 수 있는 실질적이고 구체적인 정책 제언을 담았다.

여시재는 앞으로도 포스트 코로나19 시대의 뉴리얼리티를 지속적으로 모색하는 일을 그치지 않을 것이다. 미래를 가장 잘 예측하는 길은 그것을 창조하는 것이기 때문이다.

차례

PART 3 대한민국, 새로운 미래를 이끌어라

맺는 글: 미래의 주인공이 되는 길은 미래를 창조하는 것

PART 1

코로나19, 기존의 세상을 무너뜨리다

1
글로벌 리더십 공백의 'G0' 시대

황세희(여시재 미래디자인실장)

코로나19와 G0의 국제질서

코로나19가 바꾼 세상의 기저에는 또 다른 변화가 함께 존재한다. 바로 미중 경쟁이라는 국제질서의 변화다. 이제 G0라는 단어는 더 이상 낯설지 않다. 미국의 국제전략가인 이안 브레머Ian Bremmer 유라시아 그룹 회장은 2012년 저서 《리더가 사라진 세계—G제로 세계에서의 승자와 패자》[1]에서 G0라는 용어를 사용했다. 이 책에서 그는 글로벌 리더가 사라진 세상이 적어도 10여 년 이상 지속될 것이라고 전망했다. 브레머의 분석에 대해 당시만 해도 G0는 아직은 아닌, 곧 다가올 미래라는 인식이 지배적이었다.

그러나 몇 년 지나지 않아 당시 미국의 미래를 전망할 때 고려치 않

---

1 원서명은 *Every Nation for Itself: Winners and Losers in a G-Zero World.*

던 변수가 등장했다. 첫 번째 변수는 도널드 트럼프의 대통령 당선이고, 또 하나의 변수는 코로나19의 글로벌 확산이다. 팍스 아메리카나를 가능하게 했던 자유무역과 민주주의에 기반한 국제질서가 보호무역과 아메리카 퍼스트를 주창하는 트럼프 정부로 인해 흔들리고 있다.

코로나19의 글로벌 확산은 브레머가 예견한 세상을 현실로 만들었다. 코로나19가 확산되는 과정에서 미국과 중국은 글로벌 리더십에 큰 상처를 입었다. 미국은 2020년 7월 17일 현재 357만여 명이 넘는 확진자를 기록한 최다 확진자 발생국이다. 중국은 코로나19의 발생지이고 초기 불투명한 대응으로 코로나19 바이러스의 글로벌 확산을 방치했다. 초기 대응에 실패한 두 국가 모두 국가적 손실은 물론이고 국제사회에도 큰 영향을 끼쳤다. 두 국가 모두 안전한 국가 모델을 제시하는 데 실패했고 국제사회의 문제를 해결하는 과정에서도 리더의 역할을 하지 못한 것이다. 향후 진행될 양국의 리더십 경쟁은 G0 시대를 맞아 공백 상태가 된 리더십을 획득하기 위한 영향력 경쟁으로 전개될 것이다. 미중 경쟁은 이제 글로벌 리더십을 탈환하기 위한 진영 줄 세우기로 전개되려 하고 있다.

G0 시대는 이전의 시대와는 무엇이 다른가?

G0라는 국제질서 인식을 논의하기에 앞서 우리는 G0 이전의 국제질서는 어떠했는지를 되돌아보아야 한다. 이전 세계와 G0의 국제질서는 무엇이 다른지, 어떤 도전에 직면해 있는지를 확인하려면 먼저 G0 이전 세계를 이해해야 한다.

짧게는 미중 무역 분쟁이 부각된 2018년부터의 국제질서를 G2의 세계로 이해할 수 있다. 그러나 미중 무역 분쟁에 담긴 국제정치적·경제적 의미에 불구하고 좀 더 장기적이고 구조적인 관점에서 본다면 코로나19 이전의 세계는 미국이 주도하는 G1의 세계였다. 냉전 종식 이후 30여 년을 돌이켜 본다면 이 시기는 '디폴트 파워The Default Power 로서 미국'이 존재하던 시기로 정의할 수 있다. '디폴트 파워'라는 용어는 2009년 요제프 요페Josef Joffe가 외교 전문지《포린 어페어스Foreign Affairs》에 발표한 논문에서 유래한다. 요페는 '모든 글로벌 질서의 기초를 이루는 국가'라는 뜻에서 미국을 디폴트 파워라고 불렀다. 경제력, 교육 인프라, 군사력, 젊은 인구라는 측면에서 미국은 쇠락하지 않을 것이며 미국 없이는 글로벌 질서의 유지와 운영이 무의미하다는 것이 그의 주장이었다.[2]

우리가 유념해야 할 것은 미국이 디폴트 파워로서 존재할 수 있었던 것은 국제사회가 미국을 국제질서의 기본값으로 받아들였기 때문이라는 점이다. 노벨위원회 사무총장을 지낸 예이르 루네스타Geir Lundestad는 미국이 2차 세계대전 이후 유럽을 재건하는 과정에서 결정적인 역할을 하게 된 것은 유럽 국가들의 요청이 있었기 때문이라고 설명했다. 이러한 점에서 미국은 과거의 제국들과 달리 '초대받은 제국Empire by Invitation'이라고 루네스타는 평가했다.

냉전 시기, 미국은 소련과 체제 경쟁을 벌이며 20세기의 성공적인 국가 모델을 구현했다. 기존의 제국들과 달리 자신들이 만들어놓은 정

---

2 Josef Joffe, "The Default Power: The False Prophecy of America's Decline", *Foreign Affairs*, September/October 2009.

치, 경제, 사회 모델의 우위를 통해 세계 각국에 글로벌 표준을 제공해 온 것이다. 소련의 붕괴 이후 9·11테러와 같은 충격을 겪기도 했지만, 각국은 미국이 설계한 국제적 표준을 자발적으로 채택했다. 1997년 동아시아 외환위기와 2008년 글로벌 금융위기를 겪으면서도 월가의 금융 패권은 견고하게 유지되었고, 4차 산업혁명의 시대가 오자 실리콘밸리는 전 세계 스타트업과 청년들이 새로운 '아메리칸드림'을 꿈꾸는 이상향으로 자리매김하게 되었다.

글로벌 리더십보다 '아메리칸 퍼스트'

그러나 한편 트럼프 정부의 고립주의 외교와 중국의 성장으로 디폴트 파워로서 미국의 영향력은 약화되어왔다. 세계는 미국이 글로벌 질서의 기초와 자원을 제공하는 것이 더 이상 국제질서의 '디폴트 값'이 아닐 수 있음을 트럼프 정부 내내 학습하고 있다. 특히 보호무역을 내세운 트럼프 정부는 자국의 경제성장을 위해 국가 간 마찰과 타국에 희생을 강요하는 일도 마다하지 않았다. 2018년부터 중국과 무역 분쟁을 벌인 미국은 같은 시기 EU와 관세전쟁도 진행해왔다. 2018년 6월 미국이 유럽산 철강을 상대로 10~25%의 관세를 부과하면서 본격화된 미국과 EU의 관세전쟁은 새로운 무역협정을 추진하기 위한 기세싸움으로 전개되고 있다. 트럼프 대통령이 대선 공약으로 내세웠던 북미자유무역협정NAFTA 개정은 2020년 7월 1일 미국-멕시코-캐나다 협정USMCA의 발효로 실현되었다.

이러한 무차별적 보호무역은 미국의 일자리를 회복하겠다는 트럼프 행정부의 최대 과제와 연결된다. 2020년 2월 28일 백악관 직속 미국무역대표부USTR가 발표한 〈2020년 무역정책 어젠다 및 2019년 연차 보고서〉에 따르면 트럼프 대통령 당선 전 12개월 동안 제조업 일자리가 1만 5,000개가 사라진 반면 당선 이후에는 제조업 일자리가 50만 개 이상 늘어났다.[3] 아울러 35%에 달하던 법인세를 21%로 인하하여 해외로 진출한 기업들의 자국 복귀(리쇼어링, reshoring)를 지원했다. 앞서 언급한 USMCA의 발효는 멕시코의 노동조건을 미국과 동등한 수준으로 만들어 해외로 빠져나간 일자리를 자국으로 복귀시키겠다는 의지를 관철한 사례다. 트럼프 정부는 국내 경제 활성화, 특히 블루컬러 고용 창출을 위한 과감한 정책이 기존의 저임금 제조업 기지였던 남미와 동남아를 비롯한 각국 경제에 미칠 영향은 고려치 않았다.

이러한 경향은 코로나19 이후 더욱 심해질 것이다. 앞서 소개한 USTR 연차 보고서를 통해 트럼프 정부는 향후 영국, EU, 케냐와 신규 무역협정 체결을 추진하고 약식 체결한 미일 간의 무역협정과 디지털 교역 협정, 그리고 미중 1단계 무역합의에 대한 추가 협상을 진행할 것임을 밝혔다. 이러한 협정을 진행하는 과정에서 미국은 자국 무역법을 적극적으로 해석, 집행할 뜻을 분명히 했으며 양허관세율[4]을 비롯한 WTO의 대대적인 제도 개혁을 추진하겠다고 천명했다.[5]

---

3 USTR, "FACT SHEET: The President's 2020 Trade Agenda and Annual Report", 2020.(https://ustr.gov/about-us/policy-offices/press-office/fact-sheets/2020/february/fact-sheet-presidents-2020-trade-agenda-and-annual-report 검색일: 2020년 7월 15일)

4 WTO에서 각국이 스스로 관세를 어느 정도 이상 올리지 않겠다고 약속한 관세율. 실제 적용되는 실행 관세율은 이것보다 낮아야 한다.

5 USTR, Ibid.

디폴트 파워에서 퇴장하는 미국

이제 미국은 국제질서를 유지하는 디폴트 파워로서의 지위를 달가워하지 않는다. 트럼프 행정부 들어 미국은 환태평양경제동반자협정TPP, 파리기후협약, 유네스코를 탈퇴했다. 2020년 7월 6일에는 WHO 탈퇴를 선언했다. WHO가 코로나19에 적절히 대응하지 못했고 중국 편향적이라는 이유였다. 유럽의 방위를 책임져온 북대서양조약기구NATO의 방위비 인상을 압박해왔고 2019년 러시아와의 중거리 핵전력 조약INF에서 탈퇴했다. 2020년 5월에는 항공 자유화 조약Open Skies Treaty 탈퇴를 선언했다. 2차 세계대전 이후 국제질서의 표준이었던 국제기구와 국제조약에서 일방적으로 이탈한 것은 미국이 더는 '세계의 경찰' 역할을 하지 않을 것임을 의미한다.

그리고 코로나19라는 실질적인 글로벌 위협이 도래하자 미국은 문제를 해결하기보다 방관하고 사태를 악화시켰다. 근대화의 최첨단이자 선망의 도시이던 뉴욕은 코로나19의 최대 피해 도시가 되었다. 이어 발생한 조지 플로이드 사건[6]은 미국 사회에 팽배한 흑백 갈등을 전국적으로 확산시켰다.

10여 년 전, 요페는 미국의 쇠락을 예견하는 목소리가 10여 년 주기로 반복되어왔지만 미국은 이러한 일시적인 위기에 굴하지 않는 '디폴트 파워'라고 단언했다. 그러나 코로나19 이후 미국은 요페가 바라보았던 미국의 지위를 상당 부분 잃고 있음이 자명하다. 요페의 예언

---

6 2020년 5월 25일, 미국 미네소타주 미니애폴리스에서 경찰의 과잉 진압으로 비무장 상태의 흑인 남성 조지 플로이드가 사망한 사건을 말한다. 경찰의 진압 과정에서 의식을 잃은 플로이드는 병원으로 이송됐으나 사건 당일 밤 사망했으며, 이에 미국 전역에서 플로이드의 죽음과 인종차별에 항의하는 시위가 벌어졌다.

은 트럼프의 등장과 이를 가능하게 한 미국의 국내문제들을 미처 예상하지 못한 것이었다. 국제질서의 기축을 담당할 의지를 상실한 미국은 코로나19로 인한 내부의 혼돈을 해결해야 할 상황에 처해 있어 글로벌 리더십 유지에 신경 쓸 여력이 없어 보인다.

미국은 소련의 길을 걸을 것인가

이러한 가운데 미국의 쇠락을 예상하는 목소리도 들려온다. 중국의 부상 속에서도 글로벌 리더십의 우위를 유지하려던 미국이 중국과의 패권 경쟁에 더해 내부 문제들로 쇠약해지고 있다는 것이다. 프린스턴 대학 역사 및 국제관계학과 교수인 헤럴드 제임스Harold James는 2020년의 미국이 붕괴 직전 구소련이 거친 상황에 직면해 있다고 본다. 그는 미국이 말년의 소련처럼 지도력의 비극적인 실패와 마침내 끓어오른 사회경제적 긴장으로 휘청거리고 있다고 진단했다.[7] 제임스는 그간 미국이 패권을 유지하는 데 막강한 수단이었던 달러 패권이 코로나19가 가속화시킨 세계화의 디지털 전환으로 인해 급작스런 종식을 맞이할 수 있음을 경고한다. 지난 3년 반 동안 트럼프 행정부는 정치적 목적을 위해 달러를 무기로 사용하는 것을 주저하지 않았다. 그리하여 그 대상이었던 이란, 러시아, 중국 기업뿐 아니라 유럽 등을 중심으로 한 다른 지역에서도 달러 결제 시스템을 대체할 방안을 강구하게 되었

---

7   Harold James , "Late Soviet America", *Project Syndicate*, Jul 1, 2020.(https://www.
project-syndicate.org/commentary/american-decline-under-trump-lessons-from-soviet-
union-by-harold-james-2020-07 검색일: 2020년 7월 3일)

다. 아울러 국가 중심의 결제 시스템이 아닌 디지털 결제 시스템의 급속한 발전은 빈곤과 제도적 저개발에 시달리는 국가에서 제도적 복잡성을 혁신과 번영의 기회로 전환하는 수단을 제공하고 있다고 제임스는 보았다. 오랫동안 달러를 근간으로 한 국제 금융 시스템이 유지된 것은 미국 시스템에 대한 신뢰 때문이었다. 그러나 코로나19를 계기로 미국 시스템의 취약성이 드러났기에 세계의 나머지 국가들이 미국의 기본적인 역량과 국가 효율성에 의문을 제기하기 시작할지도 모른다고 그는 전망했다.

미국 이후의 세계 역시 미국에 의한 세계일 수도

그러나 미국의 미래가 소련과 다를 수밖에 없는 결정적 차이는 붕괴할 국가를 대체할 국가가 존재하느냐는 것에 있다. 1980년대까지 격화된 미소 냉전 속에 소련은 경제적으로 쇠퇴했고 국내의 정치적·사회적 혼란을 수습하지 못했다. 국제정치학자 누구도 예상하지 못한 소련의 붕괴와 냉전의 종식이 평화적으로 진행된 것은 냉전의 한 축을 담당해온 미국이 굳건히 공백 상태가 된 패권을 흡수한 덕분이다. 1990년대를 거치며 독일의 통일, 유럽연합의 탄생과 NATO의 동유럽으로의 확장, 미일 동맹의 재확인 과정이 미국의 개입과 리더십하에서 진행되었다. 이로 인해 세계는 미국이 주도하는 국제자유주의 질서를 수용하고 체화할 수 있었다. 이 과정에서 세계화에 대한 반감과 이슬람을 중심으로 한 테러리즘이 확산되었으나 미국의 리더십을 흔들 수 있는 정도는 아니었다. 1990년부터 2000년대에 이르기까지 미국은 글로벌 리더십에 상처를 내려는 도전에 대응하며 자국의 우월성을 확고히 해왔다.

그리고 미국이 글로벌 리더십을 확립하는 사이에 부상한 중국이 이제 미국에 도전하는 라이벌로 떠올랐다. 미국이 소련처럼 붕괴한다면 중국이 과거 미국이 담당한 글로벌 질서를 운영하고 유지하는 '디폴트 파워'의 역할을 할까? 그리고 국제사회는 그러한 중국을 과거 미국에게 그러했듯이 '제국으로서 초대'할까?

코로나19 초기 대응에 실패한 중국은 이후 적극적인 인민 통제를 통해 비교적 조기에 진정 국면을 맞이했다. 2020년 5월 시진핑 주석은 '5·4 청년의 날'을 맞아 중국 전역의 청년들에게 축하 인사를 보내면서 중국몽을 실현하기 위해 노력할 것을 강조했다.[B] 중화민국의 부흥을 꿈꾸는 중국몽은 문자 그대로 '중국민을 위한 꿈'이다. 중국몽을 코로나19 이후의 글로벌 질서를 설계할 비전으로 확장시키기에는 한계가 있다. 중국의 놀라운 기술 추격과 디지털 전환은 중국이 글로벌 경제에서 강력한 행위자임을 확인시켜주기에 충분하다. 그러나 코로나19 대응 과정에서 중국이 보여준 인공지능과 빅데이터 등 기술을 이용한 인민 통제와 홍콩보안법 사태로 전면화된 중국식 국가 모델이 국제사회에서 통용되기에는 한계가 분명하다.

20세기 냉전 시대에는 각국이 미소 양국의 국가 발전 모델을 참고하며 근대국가 모델을 추진했지만, 21세기 디지털 시대에 각국이 참고할 만한 성공 모델은 미국도 중국도 아니다. 코로나19는 두 국가 모

[B] <매일경제신문>, 2020년 5월 5일.

두 바이러스라는 21세기의 위협에 취약하다는 점을 확인시켜주었다. 중국이 코로나19 이후 전 세계가 직면한 실물경제의 위축, 디지털 전환, 그리고 지속 가능성이라는 과제들을 해결하는 명쾌한 해법을 제시할 수 있으리라고는 보이지 않는다. 더군다나 중국식 해법을 전 세계 국가들이 흔쾌히 수용할 가능성은 더욱 희박하다. 결국 미국이 디폴트 파워가 아닌 세계에서도 미국은 여전히 중국과 경쟁하며 국제질서의 핵심 요소들을 결정짓거나 그것에 영향을 끼칠 것이다. 미국 이후의 세계 역시 여전히 미국이 참여하는, 미국에 의한 세계일 수 있다.

뉴노멀은 미중 경쟁이 일상화된 세계

브레머는 《리더가 사라진 세계—G제로 세계에서의 승자와 패자》에서 G0 시대에 세계경제 질서를 변화시킬 다섯 가지 시나리오를 제시한 바 있다. 첫째로 미국과 중국의 공조 체제인 G2, 둘째는 G20이 제대로 굴러가는 조화, 그리고 셋째는 냉전 2.0 혹은 그 이상의 것, 넷째는 지역별 분열, 다섯째는 '시나리오 X'라고 칭한 G서브제로G-subzero[9]였다. 어떠한 시나리오대로 흘러갈지는 코로나19 이후 전개될 미중의 선택과 각국의 대응에 따라 판가름 날 것이다. 이미 기술 패권을 중심으로 한 중국의 빠른 추격으로 미중 기술 신냉전이 도래했다고 보는 학자들도 다수 존재한다. 분명한 것은 미중 경쟁이 향후 국제질서의 핵심 변수라는 점이다.

---

[9] 정부에 대한 각 나라 국민들의 신뢰도 하락으로 인한 '국제적 무정부 상태'를 뜻한다.

미중 양국이 전 세계에 미치는 영향은 앞으로도 계속될 것이다. 〈파이낸셜타임스〉의 마틴 울프Martin Wolf는 중국 경제가 성장한 것은 사실이나 여전히 미국을 위시한 서구 민주주의국가의 경제 비중이 높다고 설명했다. 그러나 울프가 제시한 구매력평가 기준에 따른 GDP 비율의 변화는 오히려 지난 20년 사이 중국 경제가 최대의 단일경제로 성장했음을 증명한다. 구매력평가 기준에 따른 GDP 비율이 20%에 달하는 중국과 약 15%에 가까운 미국의 경제 규모를 감안하면, 양국이 전 세계 경제의 35% 정도를 좌우하고 있음을 확인할 수 있다. 결국 코로나19 이후의 뉴노멀은 미중 경쟁이 일상화된 세계일 것이다.

[도표 1-1] 구매력평가 기준으로 본 주요 국가들의 세계 GDP 점유율 변화

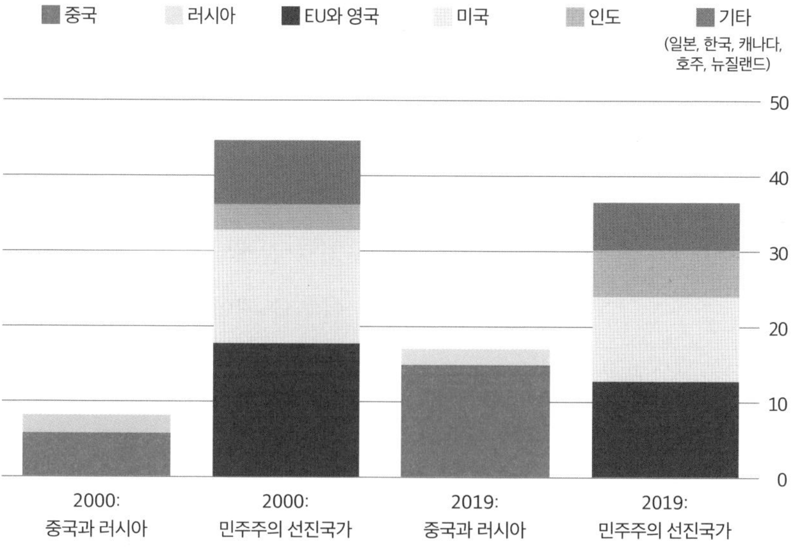
중국
러시아
EU와 영국
미국
인도
기타
(일본, 한국, 캐나다, 호주, 뉴질랜드)
50
40
30
20
10
0
2000: 중국과 러시아
2000: 민주주의 선진국가
2019: 중국과 러시아
2019: 민주주의 선진국가

출처: IMF

미중 갈등은 이제 양국 간의 패권 경쟁에 그치지 않고 각국의 경제적, 외교적 현안과 맞물리며 확전되고 있다. 미국이 화웨이 보이콧을 압박하는 동안에도 중립을 고수하던 영국은 홍콩보안법 사태 이후 중국에 대응하는 입장을 분명히 했다. 화웨이 장비를 배제하기로 선언한 것은 물론이고 홍콩보안법 발효 이후 영국 정부는 홍콩 주민의 영국 이주를 확대하겠다고 발표했다. 약 300만 명이 영국의 시민권을 받을 수 있을 것으로 예측되는 이 조치에 대하여 중국은 보복을 시사했다.

이처럼 디폴트 파워가 부재한 국제질서에서는 미중과 어떤 관계를 맺을 것인지가 각국의 국익과 직결될 수 있다. 미중 양국이 전면적인 충돌을 벌이기는 쉽지 않겠지만, 최악의 경우를 대비한 국가 전략을 반드시 설계해야 한다. 동맹 연구자들은 1, 2차 세계대전이 발생한 원인을 국가들 간의 동맹 정치의 실패에서 찾는다. 사라예보사건[10]으로 촉발된 동맹국 간의 연루chain gang가 1차 세계대전을 촉발했으며, 반면 1차 세계대전의 교훈을 의식한 동맹국들의 책임 회피pass buck 때문에 히틀러의 독일을 제어하지 못해 2차 세계대전의 발발을 막지 못했다는 것이다.[11] 미중 경쟁이 자기편 줄 세우기로 전개되고 있는 현재, 각국은 동맹 혹은 헤징을 동시에 진행하며 연루와 책임 회피 사이에서 줄타기를 강요받고 있다. 냉전의 산물인 분단 체제를 지속하고 있는 한

---

10   1914년 6월 28일, 사라예보를 방문한 오스트리아의 프란츠 페르디난트(Franz Ferdinand) 대공 부부가 암살당한 사건. 이 사건을 이유로 같은 해 7월 28일 오스트리아-헝가리 제국이 세르비아에 선전포고를 하면서 1차 세계대전이 시작되었다.

11   Thomas J. Christensen and Jack Snyder, "Chain Gangs and Passed Bucks: Predicting Alliance Patterns in Multipolarity", *International Organization*, Vol. 44, No. 2 (Spring, 1990), pp. 137-168.

국은 특히 미중 갈등에 민감할 수밖에 없다.

다음 세계의 질서를 고민하는 민관 국제전략 플랫폼이 필요

미국외교협회의 찰스 쿱찬Charles A. Kupchan은 미국으로 대표되는 서구가 쇠퇴하고 중국과 아시아를 위시한 다른 지역들이 부상하는 다음 세계를 '아무도 존재하지 않는 세상No One's World'으로 보았다. 이 세상은 상호 의존적이며 서구는 나머지 세계와 조화하고 협력해야 한다고 그는 주장한다. 나아가 쿱찬은 미국이 쇠퇴한 이후의 세계질서를 만들기 위한 절차들로 다음의 다섯 가지를 꼽았다. 먼저 정당성을 정의하고, 다음으로 주권을 규정한 다음, 대표성과 효율성 사이의 균형을 조정할 것, 다음으로 지역들의 개발을 용이하게 하고, 마지막으로 세계화에 익숙해지는 것이다.[12] 미중이 자발적으로 이 다섯 절차를 지켜 상호 의존적이며 조화로운 지구적 전환global turn을 이룩할 가능성은 현재로선 없어 보인다. 그러나 이러한 지구적 전환이야말로 미중 경쟁의 뉴노멀을 살아내야 할 각국이 바라는 최적의 결과일 것이다.

쿱찬은 나아가 외교관들의 책무는 평화를 만드는 것뿐 아니라 다음 세계의 질서를 설계하는 것에 있다고 했다.[13] 미중 경쟁이 디폴트가 된 G0 시대의 세계질서가 지구적 도전들을 관리하는 안정적인 미래로 나아가기 위해서는 각국의 외교전략가, 외교관들과의 치열한 논쟁이

---

12 Charles A. Kupchan, *No One's World: The West, The Rising Rest, And The Coming Global Turn*, Oxford University Press, March 1, 2012.

13 Ibid.

필요하다. 한국의 외교전략 분야는 그야말로 뉴노멀로의 전환이 필요하다.

오랜 시간 한국의 정책공공외교는 한반도 문제, 그중에서도 북핵 외교에 국한되어왔다. 한국의 많은 외교 관련 민간, 혹은 국책 싱크탱크는 대부분 워싱턴의 일부 싱크탱크와 협업을 하고 워싱턴 정계의 일부와 북핵 및 한반도 문제를 중심으로 소통해왔다. 이러한 상황에서는 한국의 미래 전략은 고사하고 디지털 전환과 무역정책, 나아가 코로나19 이후 한국이 추진하고 있는 뉴딜 정책이 미중 경쟁 속에 어떤 영향을 끼칠 것인지를 고민할 여지는 크지 않다. 이제 친미냐 친중이냐, 진보냐 보수냐 같은 자리 정하기에 근거해 한국의 전략을 고민하는 것으로는 뉴노멀에 대응할 수 없다.

한정된 외교 안보 자원을 적극 활용하고 국익을 최대화하기 위해서는 민관이 합동으로 참여하는 국제전략 생태계를 형성해야 한다. 매번 같은 사람을 만나 같은 주제의 회의를 하는 것을 성과로 여겨서는 미중 경쟁 속에서 국익을 확보하고 새로운 국가전략을 도출하는 것을 기대할 수 없다. 새로운 질서를 만들어내는 것이 외교관의 책무라는 상식이 한국의 외교가에도 통용되기 위해서라도 민관이 함께하는 국제전략 연구 플랫폼 구축을 정부와 민간이 함께 고민해야 할 시점이다.

2
세계화의 후퇴와 글로벌 공급망의 재편

최원정(여시재 커뮤니케이션실장)

미국 상점들의 텅 빈 진열대를 찍은 충격적인 보도는 코로나19로 도전에 직면한 세계 교역시장을 상징적으로 보여주었다. 세계 최강대국의 시민들이 공포에 질려 매장의 생필품을 쓸어담는 모습은 많은 이들에게 충격을 안겨주었다. 호주에서는 남아 있는 휴지를 놓고 마트 손님들끼리 총부리까지 겨누는 웃지 못할 해프닝도 벌어졌다. 유럽과 일본의 사정도 별반 다르지 않았다. 말 그대로 '패닉 바잉'이었다.

"모든 일이 잘 풀릴 때는 안 좋은 요소들이 잘 보이지 않는다. 그러나 물이 빠져나가면 벌거벗고 수영을 하는 사람이 누구인지 볼 수 있다." 워런 버핏의 명언처럼 코로나19라는 위기는 제조 기반을 상실한 선진국의 민낯을 적나라하게 드러냈다. 지난 반세기 동안 세계화의 흐름과 함께 국경을 초월한 공급망이 형성되며 국가 간 상호 연결성은 그 어느 때보다 높아졌다. 국제분업 체제는 교역시장의 효율성을 높이며 세계경제를 폭발적으로 확장시키는 동력이 되었다. 그러나 촘촘하게 연결된 국가 간 고리와 상호 의존성은 팬데믹이라는 예상치 못한 충격 앞에서 심각한 위기를 드러냈다. 한 국가의 봉쇄 조치는 그 나라의 공급을 차단시킬 뿐 아니라 분업 시스템에 포함된 국가에도 영향을 미치며 연쇄적인 공급의 붕괴를 불러왔다. 수요의 충격도 마찬가지였다.

인류의 역사에서 질병은 문명의 변화를 이끌었다. 코로나19 역시 세계화와 함께 발전해온 국제분업 체제와 글로벌 공급망Global Value Chain, GVC의 근본적인 변화를 예고하고 있다.

GVC의 형성: 미국에서 설계하고 중국에서 조립하다

전통적으로 교역은 두 국가 간에 서로 필요한 상품을 수입하고 수출하는 형태였다. 예를 들어 이탈리아에서 만든 의복을 프랑스가 수입하고, 프랑스에서 생산한 포도주를 영국으로 수출하는 식의 '최종 소비'를 위한 교역이 지배적이었다. 그러나 산업혁명으로 통신과 물류가 급격히 발달하면서 가격의 비교 우위를 활용한 중간재 수출입이 확대되었다. 기업들은 기획과 연구개발, 원자재와 부품 조달, 제조, 판매, 서비스 등 생산과정의 각 단계마다 부가가치를 창출하는데, GVC는 이 같은 부가가치 창출 과정을 둘 이상의 국가에 걸쳐 분업화하는 것을 의미한다. 기업들은 생산 비용을 낮추기 위해 저임금 국가에 원자재와 중간재를 보낸 후 이를 다시 최종 소비국으로 수출하는 방식의 분업화를 이루어냈다.

GVC를 대표적으로 보여주는 상품이 미국 애플사의 아이폰이다. 애플이 아이폰을 만드는 과정에는 수많은 국가의 다양한 기업들이 참여한다. 예를 들어 상품 디자인과 개발은 미국 본사에서 하고, 메모리 반도체는 한국의 삼성, 카메라는 일본의 소니 등에서 조달하며 최종 조립은 중국의 폭스콘 공장에서 이루어지는 식이다. 통신의 발달은 복잡하게 얽힌 분업 과정에서 '적시에Just in time' 필요한 부품을 조달하고 관리할 수 있게 했다.

이 같은 분업화 시스템은 1970년대부터 본격화하며 선진국과 신흥국 모두에게 부를 창출하는 모델로 세계경제의 성장을 견인했다. 선진국들은 기술을 요하는 부품 생산이나 지식집약적인 디자인과 설계, 마케팅 등을 담당하고, 저임금 신흥국들은 부가가치가 낮은 노동집약적인 생산 활동을 맡는 식으로 역할 분담이 이루어졌다. 선진국에 기반을 둔 다국적기업들은 상표권 등을 갖고 저임금 국가에 세운 제조 기지에서 완제품을 만들어 세계 각국으로 수출했다. 그 사이에는 고부가가치의 중간재 생산을 기반으로 성장한 국가들도 있다. 한국이나 대만, 일본 등이 그 역할을 맡은 대표적인 국가들이다. 다시 아이폰의 예로 돌아가면, 미국이 제품을 디자인하고 한국이나 대만, 일본 등에서 만든 중간재 부품을 중국이 조립해 다시 미국을 포함해 전 세계로 수출하는 식이다.

1995년 출범한 WTO(세계무역기구)는 각국의 무역 장벽을 낮추며 GVC가 확산하는 데 기여했다. 외국 자본 유치를 위한 관세 인하 요구가 커졌고, 지역 기반의 무역동맹도 활발하게 이루어지며 교역량이 크게 늘어났다. 자본시장 개방으로 해외직접투자Foreign Direct Investment, FDI 순유입은 1990년대 2,400억 달러에서 2015년 2.7조 달러로 10배 이상 증가했다. 이와 같이 교역량이 증가하자 생산 단계에서 효율성이 높아지고 생산 분업 시스템이 더욱 공고해지는 선순환이 이루어졌다. 선진국의 제조 기지는 주로 저임금 노동력이 풍부한 중국과 아세안 국가들로 이전되었으며, 선진국과 신흥국은 공생의 가치 사슬을 발전시키며 세계경제의 호황을 이끌었다. 이 과정에서 다국적기업들은 중국을 점점 더 의존하게 되었고, 중국은 '세계의 공장' 역할을 하며 경제를 급성장시켰다.

코로나로 속도 붙은 GVC 재편 움직임

그러나 이번 팬데믹을 겪으며 세계 각국은 글로벌 공급망의 취약성을 절실히 깨닫게 됐다. 특히 중국에 대한 지나친 의존도가 야기하는 위험성 역시 여실히 드러났다. 그러자 효율성을 가장 우선하는 기존의 'Just in time' 방식을 재검토하기 시작했다. 이제 기업들은 비용이 좀 더 들더라도 예상치 못한 상황에 빠르게 대처할 수 있는 'Just in case' 전략을 취하게 됐다. 과거에는 비용 절감을 따지며 효율과 이윤 극대화만을 추구했지만 앞으로는 위기 상황에서 빠르게 회복할 수 있는 탄력성과 복원력이 중요해진 것이다. 각국 기업들은 팬데믹을 겪으며 안정적인 공급을 확보하는 것이 결과적으로 비용 면에서도 효율적이라는 사실을 깨닫게 됐다.

이 같은 GVC의 재편 움직임은 코로나로 갑자기 발생한 것이 아니다. 코로나 발생 이전부터 나타나던 흐름을 팬데믹 상황이 앞당겼을 뿐이다. 코로나는 하나의 티핑 포인트tipping point였다. 세계은행 자료에 따르면 전세계 국내총생산GDP 대비 국제 교역량의 비중은 2008년 61%에서 2018년 기준 59% 수준으로 떨어졌다. GDP 대비 FDI 비율 역시 2008년 3.8%에서 2018년 1.4%로 줄었다. 세계 GVC 참여율도 마찬가지로 2011년 이후 52% 수준에 머물고 있으며, 세계 중간재 교역 비중 역시 2014년 61.3%에서 2017년에는 56.5%로 줄어들었다.

이 같은 흐름의 배경에는 중국을 비롯한 신흥국의 경제 발전, 4차 산업혁명으로 인한 신기술 도입과 자동화, 보호무역주의 심화와 같은 요인들이 자리 잡고 있다.

중국을 비롯한 신흥국들은 GVC 체제에서 소득수준이 높아지며 부를 축적했다. 소득이 오르면 소비가 증가해 내수 시장이 성장한다. 한편으로는 소득이 오르면 인건비가 올라 기업들로서는 분업으로 기대할 수 있는 생산 효율성이 떨어진다. 중국의 경우 자국 내 중산층 비중이 커지면서 새로운 소비 시장으로 떠올랐다. 중국이 세계 소비에서 차지하는 비중은 2007년 4%에서 2017년에는 10% 수준으로 증가했다. 반면 총생산 대비 수출 비중은 2007년 17%에서 2017년 9%로 줄어들었다. 다국적기업들은 중국에 두었던 제조 기지를 인건비가 더 저렴한 신흥국으로 옮겼고, 중국 소비 시장을 겨냥한 동남아 국가들이나 미국 시장을 대상으로 한 중미 국가들로 생산 기지를 다변화했다. 이는 다시 신흥들의 소비를 증가시키고 있다.

분업화 과정에서 신흥국으로 기술이전이 이루어지며 신흥국들이 자국 내 공급망을 확대하고 있는 점도 GVC 약화를 불러온 원인이다. 과거 중국은 해외에서 중간재를 들여와 단순 조립만을 하는 역할에 그쳤지만, 기술 발전을 이루며 주요 부품 등의 중간재를 국산화하며 자국 내 공급망을 확대하고 있다. 중국의 재화 수출 집약도와 중간재 수입 집약도는 2007년에서 2017년 사이 각각 8%p, 4%p 감소했다. 중국뿐 아니라 다른 신흥국들의 중간재 수입 집약도도 낮아지는 추세다. 중간재 교역의 감소로 조립, 가공을 하는 신흥국의 역할이 축소되면서 전 세계 GVC 참여도 약화되는 추세다.

4차 산업혁명에 따라 신기술이 제조업과 융합하고 있는 상황도 GVC 체제를 약화시키는 중요한 요인이다. 첨단기술이 생산 현장에 빠르게 도입되면서 생산 비용이 대폭 하락했다. 그 덕분에 다국적기업들은 공장 자동화와 인공지능, 로봇 등을 통해 품질은 더욱 높이면서도 인건비를 절감할 수 있게 됐다. 비용 절감을 위해 노동집약적 생산 과정을 저임금 신흥국으로 옮겨가며 GVC에 활발하게 참여할 유인책이 줄어든 것이다. 여기에 금융위기 이후 경기 부양을 위해 각국 중앙

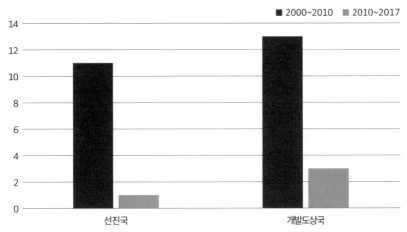

[도표 1-2] GVC 참여도 증가율(%)

출처: United Nations Conference on Trade and Development, *World Investment Report 2018: Investment and New Industrial Policies*, United Nations, Geneva, Switzerland, 2018.

은행들이 저금리 기조를 유지한 덕분에 기업들은 신기술을 도입한 생산 설비를 갖출 수 있는 자본력을 확보했다. 그래서 기업들이 생산 기지를 본국이나 소비지와 가까운 곳으로 옮기면서 GVC가 축소되는 경향을 보여왔다.

금융위기 이후 양극화가 심화되며 전 세계가 보호무역주의 기조로 돌아선 것도 GVC 약화를 불러온 원인이다. 자국 우선주의를 기조로 내건 정부들이 들어서며 영국의 브렉시트나 미중 무역 갈등 등이 불거졌다. 교역시장의 리스크가 확대되며 기업들은 본국으로 생산 기지를 옮기는 리쇼어링이나 생산 거점을 다변화하는 전략을 펴게 됐다. 특히 미중 무역 갈등의 고조로 기업들이 중국에 위치한 생산 기지를 인근 아세안 지역으로 이전하는 경향도 뚜렷해졌다.

이와 함께 GVC가 지역화되는 경향도 나타났다. 보호주의가 확산하는 한편에서는 역내 국가 간 자유무역협정이나 관세동맹, 공동시장 등을 형성하는 지역무역협정RTA이 활발하게 이루어졌다. 주요 소비국을 중심으로 인근의 상대적으로 임금이 낮은 국가에 생산 기지를 두는 GVC의 지역 블록화 경향도 확대되고 있다.

각국의 안전한 공급망 확보 전략

이미 기존의 분업 구도가 삐걱대기 시작하던 상황에서 들이닥친 코로나19는 GVC를 재편하는 촉매제 역할을 할 것으로 전망된다. 각국 정부와 기업들은 GVC의 취약성에 대비한 전략을 빠르게 수립하기 시작했다. 그동안 미국 트럼프 대통령이 내세우던 리쇼어링 필요성과 이를 위한 관세 폭탄 정책은 상당한 명분을 얻게 됐다. 실제 미국 대선 공약을 보면 트럼프뿐 아니라 자유무역을 옹호하는 민주당조차 보호주의 정책을 강화하는 입장을 보이고 있다. 미 대선에서 트럼프와 경합하게 될 민주당 대선 후보인 조 바이든은 경제 공약으로 '바이 아메리카Buy America'를 들고 나왔다. 연방 정부가 4년간 7,000억 달러를 추가 투입해 미국 제품 구매와 기술 개발 투자를 늘려 500만 개의 일자리를 창출하겠다는 것이다. 구체적으로는 4,000억 달러를 미국 제품 구매에, 3,000억 달러를 기술 개발에 투자한다는 계획이다. 다시 말해 미국 산업과 일자리 보호를 최우선으로 두겠다는 것이다. 트럼프 행정부가 2018년 중국과의 무역 전쟁에 본격적으로 나서며 관세 보복을 통해 기업들의 리쇼어링을 유도하고자 했지만 큰 성과를 거두지 못한 점을 감안할 때 엄청난 전략의 변화라고 평가할 수 있다.

미국뿐 아니라 유럽과 일본 등 다른 선진국들도 자국 내에서 제조 기지를 육성하려는 정책을 추진할 가능성이 높아졌다. 생산 거점으로서 중국의 위상에 균열이 생기며 인도와 아세안 국가들이 대체 생산 기지로 주목받고 있다. 한 예로 애플은 미중 무역 전쟁이 본격화한 2018년부터 폭스콘의 인도 공장 생산 물량을 늘려왔는데, 이번 팬데믹을 계기로 인도 공장 증설을 계획하고 있다. 로이터통신에 따르면 폭스콘은 인도 남부인 안드라프라데시와 스리페룸부두르에서 운영 중인 공장 증설에 3년간 10억 달러를 투자할 것이라고 보도했다. 보도에 따르면 폭스콘의 중국 내 생산 비중은 한때 95%에 달했지만 2020년 1분기 말 기준 75% 수준까지 줄어들었다. 뱅크오브아메리카는 최근 보고서에서 중국에 생산 시설을 둔 다국적기업의 80%가 이번 팬데믹을 계기로 리쇼어링을 검토하고 있다는 조사 결과를 내놓았다.

한국 역시 산업통상자원부가 주력 산업 공급망 안정화 차원에서 기업들의 리쇼어링을 유도하기 위해 대한상공회의소와 함께 '민관합동 유턴지원반'을 신설하고 유턴 기업을 유치 및 지원하는 데 민관 역량을 총동원하겠다는 방침을 밝혔다. 또 중국에 대한 부품 의존도를 낮추는 한편 일본의 부품 수출 규제에 대응하기 위해 자립도를 높인다는 목표로 오는 2022년까지 소재 · 부품 · 장비(소부장) 분야 기술 개발에 5조 원 이상을 투입하는 소부장 2.0 전략을 발표했다.

GVC 재편의 한계와 기회

이처럼 코로나19를 계기로 탈세계화 흐름이 가속화하며 보호무역주의가 강조되는 기조가 나타나고 있다. 특히 중국에 지나치게 의존하다 한 차례 홍역을 치러야 했던 각국은 중국 의존도를 낮추고 대체 기지 발굴에 나서고 있다.

그러나 아무리 GVC 체제가 약화되고 있다 하더라도 여전히 GVC 체제에 기반한 교역 의존도가 상당히 높다. GVC를 통한 중간재 무역 비중은 20%를 상회하고 GVC를 통한 완성재 수출 비중도 60%를 넘는다. 단기간에 극적 변화를 꾀하기에는 이미 GVC를 통한 생산과 무역 비중이 상당한 영향력을 미치고 있는 실정이다. 특히 중간재 수출 비중이 높은 한국은 다른 주요 선진국에 비해 GVC에 대한 의존도가 높고, 특히 대중국 교역 의존도가 높아 전면적으로 탈중국화를 선택하기에는 부담이 크다. 무역협회에 따르면 한국은 2019년 기준 대중국 중간재 수출 비중이 77.4%, 수입 비중은 61.6%에 달한다. 더군다나 대중 중간재 수출의 46.6%는 고위 기술 중간재가 차지하는데, 이는 2011년 대비 17.4%p 상승한 수치다. 고위 기술 중간재는 대중국 중간재 수입의 39.1%로 2012년 대비 18.1%p 상승했다. 한국의 선택이 쉽지 않음을 보여주는 수치다.[1]

미국 등 다른 선진국들도 중국을 대체할 생산 기지로 아세안 국가들을 주목하고 있지만, 단기적으로 대규모 이전을 감행하기에는 중국에 생산 기지를 둠으로써 누릴 수 있는 비교 우위가 크다. 주요 아시아 5개국 FDI 총합은 중국 FDI의 60%대 수준으로, 중국에 위치한 제조업 기지를 이전하기에는 제조업의 숙련도, 노동생산성, 제조 인프라, 물류망, 글로벌 공급망과의 협업 경험 등이 아직 부족하다는 평가다.

그러나 이 같은 한계 속에서도 세계 각국은 눈앞에 놓인 도전 과제들에 대응하기 위한 준비 작업을 진행하고 있다.

우선 중국은 GVC 재편 움직임에 대응해 자국의 첨단산업을 육성하는 데 박차를 가하고 있다. 미국과의 통상 갈등에 GVC 불안정까지 겹친 난국을 핵심 부품과 소재를 자국화하고 안정된 공급망을 구축해 돌파하겠다는 의지다. 특히 그 핵심에는 5G산업이 자리 잡고 있다. 중국은 5G, 인공지능AI, 빅데이터, 전기차 등을 포함해 7개 분야를 신 SOC 영역으로 설정해 4차 산업혁명 시대에 필요한 인프라를 구축하겠다는 의지를 드러내고 있다. 중국은행 산하 연구기관인 중국은행연구원은 2020년 약 1조 2,000억 위안이 신 SOC 분야에 투자될 것으로 집계

---

1 무역협회, "포스트코로나 시대, 글로벌 공급망 재편에 따른 우리의 대응—중국을 둘러싼 공급망 분석을 중심으로", <Trade Focus>, 2020년 28호.

했으며, 특히 5G 분야에 약 3,000억 위안이 투입될 것으로 예상했다. 과거 '세계의 공장' 역할을 하며 급격한 성장을 일군 중국은 5G와 빅데이터, AI 등 첨단산업을 중심으로 성장의 활로를 모색할 것으로 보인다.

이 밖에 중국의 이웃 국가들은 선진국들의 공급망 다변화 전략인 '차이나플러스원China+1'의 가능성에 주목하고 있다. 특히 인도는 나렌드라 모디 총리가 직접 나서 외국인 투자 유치 정책을 홍보하고 있으며 이에 맞춘 제조업 육성 정책을 준비하고 있다. 베트남 역시 주변국들에 비해 상대적으로 숙련되고 젊은 인력을 내세워 중국의 대체 투자지로 선택받기 위한 공격적인 외국인 유치 정책을 펴고 있다.

이제 GVC 재편은 거스를 수 없는 흐름이다. 그 변화의 흐름 속에서 어떻게 기회를 포착하는지에 따라 미래 국가 경쟁력이 판가름 날 것이다.

3

코로나 이후 세계의 정치경제
- 코로나19는 미중 대립의 게임 체인저가 될 것인가?

이용욱(고려대 정치외교학과 교수)

미중 무역 분쟁은 어떻게 귀결될까?

중국이 본격적으로 부상하기 시작한 2000년대 초 이래 '미국과 중국이 패권을 놓고 결국 충돌할 것인가'라는 문제는 국제정치 전문가들뿐만 아니라 일반 대중에게도 지대한 관심과 호기로운 예측을 불러일으켰다. 미국 시카고 대학의 존 미어샤이머John Mearsheimer와 같은 현실주의자는 미중 충돌이 시간문제일 뿐 필연에 가깝다고 주장했다. 이러한 주장은 국제정치의 장에서 '패권은 궁극적으로 나누어 가질 수 없다'는 시각을 바탕으로 한다.

이에 반해, 다수의 자유주의자들은 미중 간의 심화된 경제 상호 의존이 양국 간의 충돌 가능성을 현저히 낮출 것이라고 예상했다. 미국과 중국은 사실상 경제 운명 공동체로서 양국이 갈등을 협상을 통해 관리하고 봉합하여 충돌에까지 이르지는 않으리라는 것이다. 미중 충돌이 당사국 두 나라를 넘어 글로벌 경제에도 감당하기 어려운 불확실성을 야기할 수밖에 없기 때문이다.

미중 무역 분쟁은 2018년 7월 8일 미국이 중국 상품에 340억 달러 규모의 관세를 부과하기로 결정하며 시작됐다. 이 분쟁은 2019년 12월 15일 스몰딜 형태로 1차 협상을 타결하고 2020년 1월 15일 협정에 정식 서명함으로써 일단 숨 고르기에 들어갔다. 1차 협상 타결이 '종전'이 아니라 '정전停戰'인 것은 앞으로 재개될 2차 협상에서 더욱 근본적인 쟁점인 '중국제조 2025'를 비롯한 기술이전 문제, 산업스파이 등 기술 패권과 관련된 사안을 다루게 될 것이기 때문이다. 2차 협상이 1차 협상보다 훨씬 더 험난한 여정을 거치게 될 것이라는 예상이 지배적인 이유다.

따라서 이번 미중 무역 분쟁이 미중 충돌의 서막이 될지, 아니면 미중 갈등의 관리와 봉합으로 판가름 날지는 아직 두고 보아야 한다. 하지만 세계 권력 지도라는 관점에서 보면 두 가지 흥미로운 현상을 관찰할 수 있다.

우선, 해외시장 의존도가 높은 중국 경제의 취약성만큼이나 미국 권력과 리더십의 한계도 국제정치 무대에서 고스란히 드러났다. 아래에 후술하듯이 미국은 미중 무역 분쟁 과정에서 당초 목표한 결과를 거의 얻지 못했다. 뿐만 아니라 미국 글로벌 파워의 핵심 자산인 동맹국 다수의 지지를 이끌어내지도 못했다. 또 다른 측면은 미국 내부의 이견과 갈등이다. 미중 무역 분쟁이 예상보다 길어지면서 백악관, 상무부, 재무부, 국방부 등에서 대중국 압박의 수위와 방법을 놓고 이견을 표출했고, 월스트리트를 포함한 시장 참여자들 역시 정부 정책에 적잖은 비판과 우려를 내놓았다. 두 현상 모두 미국이 향후 대중국 압박을 장기간 지속하기 어렵게 하는 방향으로 작용할 가능성이 있다.

미국 권력과 리더십의 한계

먼저, 미국 권력과 리더십의 한계를 살펴보자. 일견 미국 권력과 리더십의 한계가 미중 무역 분쟁을 통해 드러났다는 논지는 타당해 보이지 않는다. 미중 무역 분쟁 자체가 미국의 공세로 시작했고 이후 1년 6개월 동안 대중국 관세 압박 수위를 높여 결국 중국으로부터 상당한 양보를 얻어내며 1차 협상을 타결시켰기 때문이다. 그러나 미국이 원하는 만큼 얻었다고 보기는 어렵다.

1차 협상 결과는 다음과 같다. 미국은 2019년 12월 15일 자정부터 적용하기로 했던 1,600억 달러 규모의 중국산 수입품에 대한 추가 관세를 유예하며, 2019년 9월 1일부터 중국 상품에 부과하던 1,200억 달러 규모의 관세를 15%에서 7.5%로 축소하기로 했다. 중국은 이에 상응해 앞으로 2년간 미국산 농산물 수입을 320억 달러, 미국산 제품과 서비스 수입을 2,000억 달러 이상으로 늘리기로 합의했다.

중국이 미국에 양보한 규모를 가늠해보는 한 방법은 무역 분쟁 직전인 2017년 중국의 대미 수입 총액인 1,860억 달러와 비교하는 것이다. 중국이 양보한 규모는 중국이 2017년 미국으로부터 수입한 총량을 넘어서는 막대한 규모다. 중국은 이에 더해 미국 지식재산권IP 보호 강화, 강제 기술이전 방지, 금융시장 개방 확대 등도 긍정적으로 검토하기로 했다. 정리하면 미국은 관세의 정치를 통해 중국으로부터 '실질소득 이전' 효과를 보았고, 관세는 관세대로 미국의 새로운 소득이 되었다고 볼 수 있다.

그러나 이는 중국이 과연 합의한 내용을 실제로 이행할 것이냐는 미국 내 비판적 목소리는 차치하고서도 당초 미국이 예상한 기대치를 하회하는 것이었다. 미중 무역 분쟁 개전 당시 피터 나바로**Peter Navarro** 백악관 무역·제조업 정책국장은 중국이 미국의 관세 부과에 맞불을 놓는 대항관세를 취할 수 없을 것이라고 호언했다. 중국 경제가 미국 시장에 크게 의존하기 때문이라는 논지였다. 트럼프 대통령은 중국과의 무역 분쟁은 오래지 않아 미국의 손쉬운 승리로 끝날 것이며 중국 내 많은 미국 회사들이 미국으로 돌아오는 리쇼어링을 목도하게 될 것이라고 장담했다. 트럼프 대통령은 또한 미중 무역 분쟁으로 미국 농가가 가장 큰 혜택을 볼 것이며 결국 미국은 미중 무역 분쟁을 통해 대중국 무역적자를 대폭 줄이게 될 것이라고 주장했다.

그러나 이 중 어떤 것도 예상대로 진행되지 않았다. 중국은 미국의 네 차례 관세 부과 조치에 모두 대항관세로 맞대응**tit-for-tat**했다. 2018년 7월 8일 미국산 농산물, 자동차, 수산물 등 545개 품목에 340억 달러의 관세를 부과했고, 이어 2018년 8월 23일엔 미국 에너지 부문 114개 품목에 160억 달러 규모의 관세를 적용했다. 중국은 2018년 9월 24일 기타 미국 수입 제품에 600억 달러 규모의 관세를 부과했고, 2019년 8월 6일에는 미국 농산물 구매 중단을 발표했다.

미중 무역 분쟁이 미국의 손쉬운 승리로 조기에 끝날 것이라는 예상과는 달리 미국은 중국과 2차 무역 분쟁 협상을 아직 열지 못하고 있다. 중국에 투자하던 미국 기업 일부는 미국 본토로 돌아오는 대신 베트남 등 동남아로 사업을 이전했고 미국 농가는 수혜를 얻기는커녕 수익이 감소했다. 농가 수익 감소는 중국이 단행한 미국산 콩 수입 규제뿐만 아니라 미국의 관세 부과에 따른 중국산 철강 가격 상승으로 인한 농기구 구매 비용 증가에 기인했다. 미국의 대중국 무역적자는 오히려 증가했다. 전임 오바마 대통령 재임 시 400억 7,000만 달러였던 월평균 대중 무역적자가 트럼프 정부가 들어선 이후 500억 1,000만 달러로 늘었다. 2018년 무역 분쟁이 시작한 이후에도 중국의 대미 수입은 1,200억 달러, 반면 미국의 대중 수입은 5,400억 달러로 미국의 대중 무역적자가 개선되는 기미는 보이지 않는다.

동맹국의 지지를 얻는 데 실패한 미국

세계 권력 지도의 관점에서 볼 때 미국에 더 뼈아픈 현실은 핵심 동맹국 다수가 화웨이 제재에 동참해달라는 미국의 요구를 거절하거나 미온적인 반응을 보인 점이다. 미국은 2019년 5월 1일 국가 안보 등을 이유로 중국 최대 통신장비 업체인 화웨이에 대한 거래 제한 조치를 결정했다. 미국 상무부는 이 조치를 통해 미국 기업이 화웨이와 거래할 경우 별도로 상무부의 승인을 받도록 했으며 ICT와 관련된 기술 수출에 엄격한 모니터링을 적용할 것이라고 밝혔다. 이후 미국은 주요 동맹국을 포함한 총 61개국에 화웨이 제재 동참을 요청했다.

그러나 현재까지 나타난 미국 제재 동참 요청에 대한 타 국가들의 반응은 미국으로선 실망할 수밖에 없는 수준이다. 총 61개국 중 미국이 요청한 전면 제재를 확약한 국가는 3곳(호주, 뉴질랜드, 베트남), 부분 제재 동참 국가는 3곳(영국, 일본, 노르웨이)에 그쳤다. 프랑스, 독일, 스페인, 네덜란드, 이탈리아, 인도, 사우디아라비아, 아세안 10개국을 비롯한 나머지 55개국은 미국의 요청을 거절하거나 사실상 동참을 회피하는 미온적인 태도를 견지했다. 한국 정부도 시장 참여자의 결정에 따른다는 원론적 입장을 밝힌 '미온파'에 속한다. 전면 제재를 확약한 3개국도 그 내용을 자세히 들여다보면 다른 해석이 나올 수 있다. 호주와 뉴질랜드는 이미 2012~2013년경부터 안보와 기술 예속의 문제로 화웨이의 국가사업 참여를 제한해왔다. 베트남은 미국의 요청에 호응했다기보다는 국가 산업 정책의 일환으로 5G 산업을 육성하고 있어 국내 산업 보호 차원에서 화웨이와 거래를 중단했다고 해석하는 것이 합리적이다. 달리 말하면, 미국에 전면 동조한 국가는 단 하나도 없었다고 볼 수도 있는 것이다.

미중을 둘러싼 세계 권력 지도를 들여다볼 때 화웨이 사례를 주목해야 하는 이유는 5G 네트워크 산업이 내포하는 정치, 경제, 군사 안보상의 복잡하고 불확실한 기대와 우려 때문이다. 5G 공급자로서 화웨이의 최대 장점은 뚜렷한 가격 경쟁력에 있다. 화웨이는 5G 분야의 타 경쟁사보다 훨씬 저렴하게 장비와 서비스를 공급할 수 있다. 이러한 가격 경쟁력 때문에 첨단산업 발전을 위해 5G 인프라를 조속히 구축해야 하는 국가가 화웨이를 물리치기는 쉽지 않다. 많은 국가가 미국의 요청에 선뜻 동참하지 못한 이유이다. 반면, 공급자 리스크도 다양하게 존재한다. 국내 통신시장과 장비 분야가 외국 단일 공급자에 종속되는 문제, 사이버 공격이 일어날 수도 있는 잠재적 진입 지점의 확대에 따른 사이버 공격 취약성 증가, 정보를 생성하고 유통하는 과정에서 발생하는 다양한 보안상의 문제 등이다.

따라서 각국은 경제성과 함께 통신망의 통합성과 통신 주권, 민감한 정보의 보안과 감시, 기술 예속에 따른 정치적 종속 가능성, 미국과의 관계까지 종합적으로 고려하여 화웨이 문제를 검토했다고 볼 수 있다. 이에 더해, 경로 의존성과 매몰비용이 높은 네트워크 사업의 특성상 한번 정한 공급자를 임의로 변경하기 어려운 측면도 있다. 이러한 맥락에서 미국의 핵심 동맹국들이 미국의 제재 동참 요청에도 불구하고 화웨이를 부분적으로 혹은 전면적으로 계속 수용하기로 한 결정은 세계 권력 지도가 중대한 지각변동의 시기에 본격적으로 접어들었음을 보여주는 방증일 수 있다.

미국 내부의 이견과 갈등

미중 무역 분쟁이 장기화되면서 미국 내에서 이견도 표출되었다. 미국 내에서 매파 역할을 자임하며 관세 압박, 화웨이 경제 제재를 공세적으로 주도한 곳은 상무부다. 재무부도 미중 무역 균형의 필요성에 공감하며 미국 테크 기업들에 대한 중국 투자를 제한하는 등 큰 틀에서 상무부와 보조를 맞추었다. 하지만 1차 협상 타결을 앞두고 중국을 환율 조작국에서 전격 제외하는 등 미중 무역 분쟁을 조기 종결하는 데 정책적 무게를 실었다.

국방부는 화웨이에 대한 제재를 강화하려는 상무부의 구상에 제동을 걸었다. 상무부가 구상한 제재 강화 방안의 골자는 화웨이의 부품 우회 공급망 옥죄기였다. 기존에는 미국 기술이 25% 이상 적용된 부품의 경우 화웨이와 거래를 제한했다. 상무부는 이를 10%로 낮추어 화웨이가 미국 기업의 해외 시설을 이용하여 부품을 공급받는 경로를 차단하려고 했다. 그러나 국방부는 이 조치가 화웨이를 주 수입원으로 삼고 있는 미국의 대표적인 반도체 제조업체인 마이크론 테크놀로지를 비롯한 수많은 미국 기업의 수익을 악화시킬 것이며, 수익 악화는 결국 이들 기업의 연구 개발 비용 감소로 연결되어 중국에 대한 미국의 기술 우위를 어렵게 할 것이라고 주장하며 상무부에 반대했다. 재무부 역시 국방부에 동조하여 상무부의 제재 강화 방안은 최종 철회되었다.

일부 월스트리트 핵심 인사들은 미중 무역 분쟁 중에 제기된 연방준비이사회의 금리 인하 방침에 반대했다. 금리 인하는 일반적으로 주가를 상승시키기에 월스트리트의 환영을 받는 정책이지만, 이들은 금리 인하가 트럼프 정부의 대중 무역 전쟁을 지속시키는 "실탄"이 된다는 이유로 이에 반대한 것이다.

이러한 미국 내 갈등은 미국이 자국 기업과 소비자, 미국 경제의 희생 없이 중국과 맞서기 어렵다는 것을 보여준다. 물론 이는 중국에도 해당한다.

미중 무역 분쟁을 통해 본 국제정치 흐름

미중 무역 분쟁의 전개와 결과에 대한 앞선 분석은 서로 연관된 세 가지 유의미한 국제정치 흐름을 보여준다. 첫째, 미중 간 국력 측정의 가변성 확대이다. 군사력, GDP, 인구구조 등을 사용하여 개별 국가 단위로 국력을 측정하고 이를 단순 비교하여 미국이 중국보다 앞서 있다고 보는 시각은 국력의 네트워크적 관계성을 간과하게 한다. 무역, 투자, 기술 의존성, 글로벌 생산 네트워크와 가치 사슬에서의 위치, 통화와 금융, 안보 관계가 국가 간에 다층적, 복합적, 상대적으로 얽혀 있기 때문이다. 화웨이 사례에서 보듯 네트워크적 관계성이 미중 사이에서 다수의 국가가 활용하는 지표이다.

둘째, 미중을 비롯한 국가 간의 관계에서 이합집산의 발흥과 균형의 퇴각이다. 국제정치 3대 균형이론인 세력 균형, 위협 균형, 이익 균형 모두 모호성의 심연에 빠졌다. 어떤 세력에 대한 균형인가? 어떤 위협에 대한 균형인가? 어떤 이익에 대한 균형인가? 앞서 논의한 네트워크적 관계성(혹은 관계 권력)은 이 모든 균형의 준거점을 허물어뜨렸다. 이는 균형이 다시 규정해야만 하는 대상이지 더 이상 객관적으로 주어진 상태가 아님을 뜻하며, 이합집산과 각자도생이 빈번한 불확실한 국제정치를 시사한다.

마지막으로, 국익 규정의 복합화이다. 미중 무역 분쟁 과정에서 나타난 미국 내 이견과 갈등에서 볼 수 있듯이 다양한 행위자가 다양한 이익을 내세우며 국익을 규정하고 관철하려고 노력한다. 화웨이 제재 문제로 미중 사이에 끼인 국가들은 복합방정식을 풀 듯 안보 논리, 경제 논리, 위협 인식, 자국 산업정책, 국내 정파 간의 이해득실을 연계하고 국내외 시장의 반응까지 고려하여 국가의 선택을 도출하려고 한다. 국익의 복합화이자 안보 중심 국제정치의 상대적 쇠락이다.

한중일 삼국의 관계

이러한 국제정치 흐름과 맥락을 볼 때 한중일 관계 역시 지금도 어려운 국면이지만 가까운 미래까지 불확실성의 파고를 넘나들 것으로 보인다. 특히 한중일 관계가 미중 관계의 하위 체계로 남는다면 한중일 관계는 미중 관계의 부침에 따라 유동적일 수밖에 없는 종속변수가 된다. 한중일 관계가 종속변수가 되면 삼국은 어떠한 유의미한 합의와 약속을 생성할 수 없기에 그 관계가 자연스럽게 소원해지고 도태되는 악순환에 빠질 위험이 높다. 미국과 중국이 충돌할 경우 한국과 일본은 고래 사이에 끼인 새우처럼 '어려운' 선택을 내려야 하는 상황도 추가로 직면하게 될 것이다.

따라서 불확실한 국제정치 환경에서 한중일은 삼국 관계 안정과 공동 번영을 위해 먼저 삼국 관계의 독자성을 구축해야 한다. 삼국 관계의 독자성 구축은 최소한의 목표가 미중 관계에 예속되지 않는 한중일 관계를 구현하는 것이며, 목표의 최대치는 미중 관계를 견인할 정도로 견고한 삼국 관계를 정립하는 것이다. 이를 실현하기 위한 방안으로 한중일은 '정경분리 원칙'이라는 큰 틀을 국가 정상 수준의 합의를 통해 복원해야 할 것으로 보인다.

무역, 투자, 금융, 에너지, 환경 등 미시적인 수준에서 분야별 다양한 협력도 한중일 관계 정상화에 도움이 되겠으나 이러한 협력이 부족해서 최근 한중일 관계가 악화된 것이 아니다. 오히려 양자 혹은 삼자 관계의 악화가 기능적으로 필요한 협력의 부재와 경제 상호 제재까지 초래했다.

사실 1978년 중국의 개혁개방 이후 30년 넘게 급속도로 심화된 양자 관계를 포함한 삼국 간 경제 상호 의존과 공동 번영은 규범적 성격의 정경분리 원칙을 토대로 구체화되었다. 한중일 삼국이 정경분리 원칙을 복원하는 데 나선다면 정경분리 원칙의 예외 조항까지 협정문에 구체적으로 명시하여 삼국 간 합의의 실효성을 높여야 한다. 삼국 간 공동 합의가 최선이겠지만 그것이 여의치 않다면 한국은 중국 혹은 일본과 먼저 양자 정경분리 원칙 합의를 추진하고 남은 파트너를 초대하는 외교 전략도 고려해볼 수 있겠다. 현시점에서 냉정하게 한중일 관계를 바라보면 이러한 협력은 이상에 지나지 않는다고 여겨질 수 있다. 그러나 "위기가 곧 기회"라는 말이 있듯이, 한중일 삼국은 코로나19로 촉발된 경제 위기를 극복하는 과정에서 관계 정상화의 동력을 확보하는 전기를 마련할 수도 있을 것이다.

코로나19는 세계질서를 어떻게 바꿀까?

세계 도처에서 진행 중인 코로나19가 향후 자유주의 세계질서를 근본적으로 변화시키는 게임 체인저가 될 것이라는 전망이 곳곳에서 제기되고 있다. 헨리 키신저Henry Kissinger는 최근 〈월스트리트 저널〉 기고문에서 코로나19로 인해 열린 자유질서가 도태하고 닫힌 성곽 시대가 도래할 수 있다고 했다. 코로나19의 무차별적인 파괴력이 국가 자급자족의 필요성과 배타적인 인종 혐오를 증폭시켜 비교 우위와 비배타성에 기반한 다자주의 자유경제질서를 몰락시킬 수 있기 때문이다. 비슷한 맥락에서 토드 터커Todd Tucker 루스벨트재단 국가관리연구소장은 물자와 식량의 안보화가 대두되며 해외 생산공장의 국내 이전 등이 가속화될 것으로 전망했다. 하버드 대학의 스티븐 월트Stephen Walt 역시 코로나19 사태가 "덜 개방되고 덜 번영하며 덜 자유로운 세상을 만들 것"이며 특히 글로벌 리더십의 부재가 이를 악화시킬 것이라고 우려했다.

세계 권력 지도의 지형 변화 측면에서는 상이한 견해가 관찰된다. 먼저, 코로나19 사태는 미국과 유럽이 대표하는 서구의 퇴각을 촉진할 것이며 이는 아시아로의 점진적인 권력 이동을 의미한다는 주장이 있다. 다른 한편으로, 미국이 세계경제의 중심이라는 사실이 코로나19 사태를 통해 다시 한 번 확인되고 있다는 관점이 있다. 앞서 언급한 월트와 독일 〈슈피겔〉지 등에서 제기한 서구 퇴각 견해에 따르면 코로나19 사태는 미국과 주요 유럽 국가들이 처한 국가 리더십의 정책 판단 능력 부족, 국가 시스템의 취약성, 위기에 대처하는 사회적 역량과 국민적 공감대의 부재 등을 여과 없이 드러냈다. 다시 말해 코로나19가 이미 깊숙하게 진행되어온 서구 사회의 분열과 병리를 현실로 확인시켜주었고, 이는 대만, 한국, 홍콩, 싱가포르 등 코로나19에 신속하게 대처한 아시아 국가들의 역량과 대비된다는 것이다.

반면, 코로나19 사태가 미국의 힘을 재확인시켰다는 견해의 핵심은 미국의 금융 권력에 있다. 이를 단적으로 말해주는 것이 세계경제 운용에서 미국 연방준비제도이사회FRB의 위상이다. 벤 버냉키Ben Bernanke 전 미국 연방준비제도이사회 의장은 2020년 4월 7일 브루킹스연구소가 주최한 웨비나Webminar: web+seminar에서 미국 연방준비제도Fed가 이번 코로나19를 통해 미국뿐만 아니라 명실공히 세계의 중앙은행이 되었다고 설파했다. 버냉키의 논리는 직설적이고 단순하다. 세계경제는 기축통화인 달러의 유동성을 기반으로 움직이고 달러의 유일한 공급원은 연방준비제도라는 것이다. 연방준비제도는 코로나19 사태 이후 미국 금융시장을 안정시키고 세계경제 시스템에 충분한 유동성을 제공하기 위해 한국은행을 비롯한 전 세계 14개 중앙은행과 스와프 협정을 맺고 다른 국가들이 활용할 수 있는 미국 국채 레포Repo(환매조건부채권) 시장도 개설했다. 2008년 미국발 글로벌 금융 위기가 일반의 예상과 달리 달러 위상 강화로 종결되었듯이 이번 코로나19 사태도 미국의 경제 권력을 현실로 확인시켜주고 있다는 것이다. 경제 권력의 핵심이 신자유주의 시대에 생산에서 금융으로 넘어갔듯이 세계경제 질서를 운용하는 주체는 생산의 중국이 아닌 금융의 미국이라는 점을 부각한 것이다.

정리하면, 코로나19 이후에 펼쳐질 세계질서의 향방은 안보 논리와 경제 논리 각 영역의 내부 논쟁과 두 논리 간의 상호작용으로 갈릴 전망이다. 안보 논리 내부에서 벌어질 논쟁의 핵심은 국가 안보의 중심이 전통적인 군사 안보에서 인간 안보로 이동할 것이냐 하는 것이다. 코로나19 사태는 군사력만으로는 국민을 지킬 수 없음을 여실히 보여준다. 무기보다는 의료 시스템, 사회 안전망, 상대방 배려와 같은 사회적 가치가 사람과 국가를 지켜주기 때문이다. 경제 논리 내부에서도 신자유주의적 경제 효율성과 케인지언Keynesian적 경제 안정성을 놓고 다시 논쟁이 벌어질 것으로 예상된다. 이는 효율 중심의 탈국가적 생산, 거래, 소비, 투자가 국가와 국민이 필요로 하는 재화와 용역을 제때에 효과적으로 공급할 수 없다는 것을 코로나19 사태가 보여주었기 때문이다.

안보 논리(군사 안보 vs. 인간 안보)와 경제 논리(경제 효율성 vs. 경제 안정성)를 교차하면 코로나19 이후의 세계질서를 다음과 같이 네 가지 시나리오로 전망해볼 수 있다.

[표 1-1] 코로나19 이후 세계질서 시나리오

		경제 논리	
		경제 효율성/수익 중심	경제 안전성/고용 중심
안보 논리	군사 안보 중심	신자유주의 시대	예시) 냉전 시대 (1945~1970년대 말)
	인간 안보 중심	미지의 시대 (창의의 시대)	성곽 시대

먼저, 경제 효율성과 군사 안보 중심의 결합은 코로나19 이전의 신자유주의 시대로 회귀를 뜻한다. 둘째, 경제 안정성과 군사 안보 중심의 결합은 그 역사적 예시로서 냉전 시대를 들 수 있다. 미국과 소련의 극심한 체제 대립 속에 고용 안정을 경제정책의 우선순위로 두면서 안정적 경제성장을 도모한 시대였다고 평가할 수 있다. 셋째, 경제 안정성과 인간 안보의 집합은 앞서 언급한 키신저의 자급자족형 성곽 시대이다. 마지막으로 경제 효율성과 인간 안보의 결합은 '미지의 시대'이다. 아직 역사적으로 경험해보지 못한 세계질서라는 뜻이다. 인간 안보가 고용, 사회 안전망, 사회복지 등과 연관된다고 볼 때 수익 중심의 경제 효율성과 인간 안보가 양립할 수 있는가라는 논리적 문제가 존재할 뿐만 아니라 군사 안보를 넘어선 인간 안보의 시대는 아직 도래하지 않았기 때문이다. 다른 한편으로 '미지'란 창의의 공간이기도 하다. 경제 효율성과 인간 안보를 절묘하게 절충하는 세계질서가 불가능하지만은 않다는 뜻이다.

세계질서는 주어진 사실이 아닌 우리가 만들어갈 현실이다. 미중 양자 관계의 전개 양상과 한중일 관계 재정립의 성패에 따라 세계질서의 방향성이 결정될 것이다. 그러나 코로나19로 인해 제기된 '무엇을 위한, 누구를 위한 안보와 경제인가?'라는 전 지구적 문제의식은 미국과 중국, 한중일의 선택지인 협치와 각자도생 사이에서 구조적인 영향력을 행사할 것이다.

4
새로운 무역질서가 필요하다

정주영(경희대학교 경제학과 교수)

자유무역주의를 지탱해온 WTO 체제

사회적 갈등 상황을 분석하는 데 자주 사용되는 죄수의 딜레마 Prisoner's Dilemma는 세계무역기구World Trade Organization, WTO의 기본 메커니즘을 이해하는 데에도 유용하다. 중국이 미국산 수입품에 관세를 부과하지 않는다면 미국은 중국산 수입품에 관세를 부과함으로써 자국의 이익을 높일 수 있다. 반대로 중국 역시 미국산 수입품에 관세를 부과하여 자국의 이익을 높이려 할 수 있다. 이 경우 두 국가 모두 관세를 부과하지 않는 자유무역정책을 펴는 것이 서로에게 이득이지만 두국가 모두 더 큰 손해를 피하기 위해 상대국 수입품에 관세를 부과하는 불리한 선택을 할 것이다.

이때 국제무역기구의 존재는 두 국가가 죄수의 딜레마에서 벗어나 양국 모두에게 최선 또는 차선의 선택을 할 수 있게 한다. 즉 이러한 비제로섬게임non zero-sum game 상황에서 WTO는 회원국이 관세를 철폐하도록 유도하고, 상대국이 이를 어길 경우 WTO 분쟁해결기구dispute settlement body 제소를 통해 피소국에 보복 조치를 할 수 있게 한다. 궁극적으로 회원국들이 더 이익을 보는 정책을 선택할 수 있도록 하는 것이다.

WTO는 1947년 2차 세계대전 이후 붕괴된 세계무역질서를 바로 잡고자 23개 선진국들이 발기한 GATTGeneral Agreement on Tariffs and Trade 체제를 기반으로 1995년 법적 구속력이 있는 무역 기구로 창립됐다. 2020년 현재 회원국은 164개국이다. WTO는 수십 년에 걸친 회원국들의 끊임없는 협상 끝에 2차 세계대전 후 22% 수준이던 세계 평균 관세율을 3% 이하로 낮추었다. 뿐만 아니라 비관세, 투자, 지적재산권, 서비스 교역 등과 관련된 규범들을 통해 회원국들의 교역을 활성화하는 데 크게 기여해왔다. 또한 GATT/WTO 체제는 일부 회원국들 간의 전면적인 상호 관세 철폐를 원칙으로 하는 자유무역협정Free Trade Agreements, FTA을 가능케 했다. 미국이 주도해 1994년 발효된 북미자유무역협정NAFTA이 새로운 지역주의Regionalism의 기폭제가 되어 회원국 모두가 지역주의를 병행한 자유무역주의 움직임에 적극적으로 참여하게 되었다.

다시 말해, 1970년 GDP 대비 27% 수준이던 교역량을 60% 수준으로 끌어올린 지금의 자유로운 무역 환경은 글로벌 통상 게임의 불확실성을 완화하는 WTO라는 잘 짜인 시스템, 회원국들의 오랜 노력과 그에 따른 엄청난 비용, 이를 달성하는 과정에서 미국을 비롯한 주요 선진국들이 한 주도적 역할이 쌓아 올린 가치 있는 성과라 할 것이다.

트럼프 행정부의 보호무역주의

미국은 지난 수십 년간 WTO 체제의 선두주자로서 자유무역주의를 표방해왔다. 그러나 그 이면에는 늘 보호무역 정책이 자리 잡고 있었다. 트럼프 행정부의 보호무역주의가 완전히 새로운 것은 아니다. 역사적으로 1971년 닉슨 행정부의 10% 수입과징금 관세를 포함하여, 카터 행정부의 신발 쿼터, 레이건 행정부의 일본산 자동차에 대한 자발적 수출제한Voluntary Export Restrictions, 2002년 부시 대통령의 선거 공약 결과물인 철광에 대한 대대적 관세, 그리고 오바마 행정부가 중국산 타이어에 부과한 35% 관세까지, 아버지 부시 대통령 때와 클린턴 행정부를 제외하고 미 행정부는 대부분 자유무역주의 수호를 제창하면서 보호무역 정책 카드를 함께 써왔다.

그렇다면 우리가 이번 트럼프 행정부의 보호무역 정책에 특별히 주목해야 하는 이유는 무엇일까? 결론부터 말하자면, 2차 세계대전 이후 전 세계 국가들이 75여 년간 공들여 구축해온 세계무역질서를 실질적으로 위협하고 있기 때문이다.

우선 트럼프 행정부의 보호무역 정책은 그 범위와 규모에서 이전 행정부의 정책들과는 본질적으로 다르다. 지금껏 미 행정부가 시행해온 보호무역 정책들은 대부분 특정 산업이나 한정된 품목을 주 타깃으로 했고, 일본이나 중국과 같은 특정 국가를 타깃으로 하더라도 고용이나 내수 시장 점유에 크게 타격을 받은 일부 산업에 대한 다소 조심스러운 정책으로 제한돼 있었다. 반면 트럼프 행정부는 '미국을 다시 위대하게 만들자Make America great again'라는 슬로건 아래 경제적 내셔널리즘을 고수하면서 주요 교역국들을 상대로 특정 상품이나 특정 산업이 아닌 여러 산업 전반에 걸쳐 이례적인 수준의 보호무역 조치를 취하고 있다. (물론 약 1년 후 철폐하긴 했지만) 2018년 6월 NAFTA 회원국인 캐나다 및 멕시코산 철광과 알루미늄에까지 각각 25%, 10%라는 고율 관세를 부과하고, 중국을 대상으로 전례 없는 수준의 보복관세를 부과하고, 정보통신 기술 및 서비스 공급망 확보에 관한 행정명령을 발동하여 화웨이와 그 계열사들의 거래를 전면 제한한 조치 등을 보면 트럼프 행정부 보호무역 조치의 범위와 규모는 끝을 가늠하기 어려울 정도다.

또 트럼프 행정부의 보호무역주의는 글로벌 통상 게임의 룰이 바뀔 수도 있다는 두려움을 확산시켰다. 미국은 12개 참여국이 10여 년간의 긴 협상을 통해 타결에 이른 메가 FTA인 '환태평양경제동반자협정Trans-Pacific Partnership, TPP'에서 홀연 탈퇴를 선언함으로써 FTA 역사상 전례 없는 탈퇴 회원국이 되었다. NAFTA와 한-미 FTA도 개정 협상을 요구함으로써 이미 발효된 FTA도 갑작스레 철폐 혹은 수정될 수 있다는 전례를 남겼다. 이는 글로벌 통상 환경의 불확실성을 증폭시켰다. 물론 다른 WTO 회원국들도 보호무역 정책에 해당하는 조치를 취해지만, 어디까지나 WTO 규범이 허용하는 범위를 적극 활용하는 수준이었다. 그러나 트럼프 행정부의 보호무역 조치들은 자유무역질서 자체를 무시하는 방향으로 전개되고 있다는 점을 부정하기 힘들다.

보호무역 조치가 미중 양국에 미칠 영향

중국에 대한 미국의 대대적인 보호무역 조치는 2018년 1월 세이프

가드safeguard를 발동하여 태양광 패널과 세탁기에 부과한 초과 관세로 시작해 2019년 12월 15일 스몰딜 형태의 1차 합의까지 2년여간 지속되어왔다. 하지만 그 영향과 효과는 미국에도 부정적이라는 평가가 많다.

미 뉴욕 연방준비은행, 프린스턴대, 콜롬비아대 경제학자들이 2019년 〈경제전망저널Journal of Economic Perspective〉에 발표한 연구에 따르면, 미국이 2018년 한 해 동안 부과한 초과 관세가 미치는 영향만 따져보더라도 2018년 12월 한 달에만 실질소득 14억 달러 감소라는 비용을 치르는 셈이며, 이 수치는 미국이 중국으로부터 거둬들이는 저작권 사용료 3개월분에 버금가는 수준이다. 또한 이는 경쟁력을 잃어버린 특정 산업을 보호하는 것을 목적으로 한 초과 관세가 약 3만 5,000개의 신규 일자리를 만들어낸다 할지라도 하나의 일자리에 23만 달러의 비용이 든다는 걸 의미한다. 다시 말해, 해당 일자리 하나당 23만 달러의 부가가치를 창출해내지 못한다면 결국 그 차이만큼 사회적 비효율성을 치러야 하는 것이다.

더욱이 이 추정치는 단순히 미국의 일방적 초과 관세에 대한 비용만 고려한 것으로 상대국의 보복관세, 수입품 다양성 감소로 인한 소비자 및 기업의 손실, 글로벌 공급망 변화 및 정책 불확실성에 따른 비용 등 추가 손실까지 감안하면 높은 수준의 관세를 무기로 보호무역 조치를 지속적으로 표방하는 것은 미국에도 적잖은 부담일 수밖에 없다.

미중 무역 분쟁은 분쟁을 촉발한 미국에도 이롭지 못하지만, 과감한 맞대응으로 버텨온 중국은 더 큰 경제적 손실을 입을 것으로 전망된다. 최근 발표된 미국 경제학 연구에 따르면, 2019년 9월까지 분쟁으로 미국은 GDP의 0.3% 손실을 감내해야 하는 것으로 추정되지만, 중국은 GDP의 1.9%라는 훨씬 더 큰 손실이 발생하는 것으로 나타났다. 이는 중국의 WTO 가입 효과로 추정되는 GDP 증가분 1.24~2.2%에 견줄 만한 수치다. 게다가 애초 중국의 대미 수입이 미국의 대중 수입의 4분의 1 수준에도 못 미치는 상황에서 '팃포탯tit for tat' 전략으로 맞선 중국은 더 이상 관세정책으로는 게임을 지속할 수 없는 한계에 이르렀다. 더불어 최근 예기치 못한 코로나19 사태로 전 세계적인 경제 위기가 현실이 되면서 미중 무역 분쟁은 스스로에게 칼을 휘두르는 격이 되어버렸고, 이에 따라 미국과 중국 모두에게 더욱 신중히 임해야 하는 게임이 되었다.

이 시점에서 한 가지 눈여겨봐야 할 것은 미중 서비스 무역수지다. 미중 무역 분쟁은 미국의 고질적인 상품 무역수지 적자, 그중에서도 수십 년간 증가해온 대중 상품 무역 적자에 기인한다. 하지만 미국의 대중 서비스 무역수지의 추이를 살펴보면 비록 그 규모는 상대적으로 작으나 상품 무역수지와는 정반대되는 흐름을 발견할 수 있다. 2019년 12월에 발표된 미 상무부 경제분석국Bureau of Economic Analysis 자료에 따르면 1999년 13억 달러에 불과하던 미국의 대중 서비스 무역수지 흑자는 2019년에는 약 30배 증가하여 380억 달러에 근접했다. 대중국 무역 분쟁에서 미국의 다음 단계 전략의 골자는 지적재산권 보호 강화, 기술이전 강제 금지, 금융시장 개방 확대 등이 될 가능성이 높다.

또한 미국은 1차 협상 합의 사항에 환율 조작 중단이라는 카드를 포함시켰다. 이는 일대일로一帶一路 및 '중국제조 2025'를 통해 너무 일찍 발톱을 드러낸 중국의 야심을 견제하고자 하는 속내를 노골적으로 내

비친 것일 수도 있다. 미국은 급성장하던 일본을 '잃어버린 20년'에 빠지게 만든 1985년 플라자 합의의 승리를 기억하고 있을 것이다.

한국은 어떻게 국제무역 환경의 불확실성을 최소화해야 할까?

최근 수십 년간 국가 간 소통 비용과 교역 장벽은 현저히 낮아졌다. 반면 이로 인한 글로벌 가치 사슬Global Value Chain, GVC에 해당하는 상품 교역량은 급속하게 증가했다. 이는 로봇, 빅데이터, 사물인터넷 등과 같은 4차 기술혁명을 선도하는 신기술의 발전과 함께 지구촌 생산 네트워크를 훨씬 더 복잡한 연계 구조로 만들었다.

이러한 GVC 교역량의 증가는 단순한 수출, 수입을 의미하는 순수입, 순수출이 국제무역에서 차지하는 중요성을 반감시키고 있다. 최근 IMFInternational Monetary Fund(국제통화기금) 연구 자료에서도 서술했듯이, 실제 중국의 정보통신기술Information and Communication Technology, ICT 관련 수출품에 대한 부가가치 생산은 총 수출액 중 절반 정도다. 이는 결국 부가가치 개념상 실제로 미국의 대중 ICT 상품 무역 적자는 그 절반밖에는 되지 않는다는 것을 의미한다. 이러한 사실을 감안하면 순수출이라는 무역수지 자체에만 초점을 두던 전통적 관점에서 벗어나 실제로 GVC에서 우리 산업의 위치가 좀 더 고부가가치 산업에 속할 수 있도록 하는 새로운 관점에서 무역정책을 바라볼 필요가 있다.

또한 현재 한국의 교역량 중 56%가 상위 10개국에 편중되어 있고, 특히 중국, 미국의 비중이 지나치게 높다는 사실을 고려해볼 때, 무엇보다 교역 대상과 교역 품목을 다양화하려는 노력을 기울여야 한다.

그리고 단순히 품목 및 교역 국가의 양적 다양화에만 주력할 것이 아니라, 고부가가치 중간재를 다양하게 생산함과 동시에 서비스업의 부가가치를 높이면서 GVC 내에서 위치를 제고하는 데 초점을 맞추어야 할 것이다.

더 적극적으로는, ICT를 포함해 이미 우리가 비교 우위를 점한 산업에서는 6G 이동통신에서의 표준특허와 같은 글로벌 핵심 기술을 확보하기 위한 행보를 계속하면서 이외의 영역에서도 새로운 고부가가치 비교 우위 산업을 발굴, 육성하기 위해 다양한 노력을 기울일 필요가 있다.

그리고 한 걸음 더 나아가 주어진 변화에 대응하는 데 머물 것이 아니라, 한국이 이미 교역량 기준 세계 10위의 경제력을 가진 국가인 만큼 '역내 포괄적 경제동반자협정Regional Comprehensive Economic Partnership, RCEP'과 같은 메가 FTA를 적극적으로 주도하여 세계무역질서 형성에서 선도적인 역할을 담당함으로써 우리에게 우호적인 무역질서가 이루어지도록 해야 한다. 미국의 갑작스러운 TPP 탈퇴 후 일본이 '포괄적-점진적 환태평양경제동반자협정Comprehensive and Progressive Trans-Pacific Partnership, CPTPP'을 이끌어 협정의 주도적 입지를 굳힌 것이 그 좋은 예다. 이는 우리가 이후 세계무역 환경에서 교역 규모에 걸맞은 역할을 담당하는 토대를 마련하는 동시에, 미국의 일시적 보호무역주의에도 불구하고 안정적 세계무역질서가 유지될 수 있고 궁극적으로는 세계무역질서를 벗어난 일탈 행위는 자국 경제에도 도움이 되지 않는다는 교훈을 주어 수출 주도 경제성장을 지속해온 우리에게 위협적인 국제무역 환경의 불확실성을 최소화하는 길을 열어나가게 할 것이다.

새로운 세계무역질서의 핵심은 조화와 협력

각국의 복잡한 이해관계가 만들어낸 이러한 혼란스러운 무역질서에 더해 코로나19는 세계무역질서를 완전히 바꾸어놓을 수도 있는 새로운 상황을 연출하고 있다. 예를 들어 각국은 보건, 위생 관련 물품 반출 금지와 같이 수입이 아닌 수출을 제한하기도 하고, 심지어 다른 두 국가의 무역에 개입하여 미국이 공중에서 교역품을 하이재킹hijacking했다는 보도까지 나왔다. 이는 기존 무역 관행으로는 설명하기 힘든 모습으로 비상 상황에서 세계무역질서가 얼마나 왜곡될 수 있는지를 단적으로 보여준다.

2020년 4월 8일 WTO는 코로나19 팬데믹 상황에서 각국 정부가 서로 협력해서 대응하지 않으면 2020년 세계 교역량이 32% 이상 폭락할 수 있다고 발표했다. 이러한 급격한 교역 감소는 복잡하게 얽힌 글로벌 가치 사슬과 결합하여 세계경제를 더욱 심각하게 악화시킬 수 있으며, 인류에게 엄청난 고통과 슬픔을 안겨준 코로나19라는 전염병을 극복할 희망과 동력까지도 앗아갈 수 있다.

물론 코로나19가 글로벌 경제에 미친 여파는 팬데믹이라는 특수성이 가져온 결과이지만, 앞으로 우리가 미처 생각하지 못한 다양한 형태의 위험이 언제든지 불시에 닥칠 수 있고, 그때마다 다시 이전에 경험하지 못한 무역질서의 카오스를 겪게 될 수도 있다. 이러한 혼돈 속에서 발생할 손해를 최소화하려면 우리는 어떤 준비를 해야 할까?

기존의 무역질서가 위기 상황에서 적절한 행동 지침을 제시하지 못한다는 것은 명확해졌다. 이에 우리는 현재 미중 무역 분쟁과 같은 경제 대국들의 이해관계로 인해 위험에 직면한 기존의 무역질서를 회복해야 할 과제를 안고 있다. 뿐만 아니라 코로나19와 같은 예외적인 비상사태에서도 작동할 수 있는 좀 더 폭넓고 체계적인 국제무역질서를 시급히 확립해야 한다.

크리스탈리나 게오르기에바Kristalina Georgieva IMF 총재는 4월 3일 세계보건기구WHO와의 화상회의를 통해 코로나19로 인한 세계경제 위기는 국가 간 협력 없이는 극복해낼 수 없다고 강조했다. 국가 간 협력은 일반적인 상황에서도 최선의 결과를 얻기 위해 필수불가결하지만 위기 상황에서는 위기를 극복할 수 있는 유일한 해결책이다. 즉 새로운 세계무역질서의 핵심은 조화와 협력이어야 한다.

죄수의 딜레마를 낳는 비협조적인non-cooperative 죄수의 게임에서는 두 참여자가 서로를 신뢰하지 않은 대가로 결국엔 최선의 결과를 얻지 못한다는 사실을 이미 우린 잘 알고 있다. 위기 상황에서 죄수가 치르게 되는 페널티가 벌금이나 더 긴 기간의 징역이 아니라 각국 경제의 붕괴, 최악의 경우 인류의 멸절이라 하더라도 글로벌 무역 환경을 비협조적 게임으로 구성할 것인가 하는 질문이 바로 우리 눈앞에 놓여 있다.

5
지속 불가능의 대도시, 팬데믹이 보내는 경고

이대식(여시재 기획실장)

대도시의 삶은 지속 가능할까?

코로나19 발병과 확산은 모두 우한, 밀라노, 뉴욕, 런던과 같은 대도시에서 일어났다. 한·일에서도 대구와 도쿄 등 대도시에서 급속히 확산됐다. "메갈로폴리스 습격한 코로나19, 전 세계 도시문명 흥망 가른다(〈프레시안〉 2020. 4. 17)", "코로나19 시대 도시가 바뀐다(〈동아사이언스〉 2020. 4. 10)", "코로나바이러스 이후의 도시들－COVID-19는 도시의 삶을 얼마나 급진적으로 바꿀까?("Cities after coronavirus: how Covid-19 could radically alter urban life", *Guardian*, 2020. 3. 26)" 등 많은 국내외 언론도 코로나19 이후 대도시의 변화를 이야기하고 있다. 2016년 UN이 17개 SDG(지속 가능한 발전 목표) 중 하나로 도시를 선정한 이유이기도 하다.

지속 불가능성 문제는 자연과 인간 생태계가 공멸할 수도 있다는 위기감을 낳고 있다. ADB(아시아개발은행)는 2025년 아시아에서만 4억 1,000만 명에 달하는 기후 난민이 발생할 것으로 예상하고 있다. 지구 온도가 산업화가 시작된 19세기 말보다 2도 상승하는 시점, 즉 이산화탄소 농도가 450ppm이 되는 시점이 오면 자연 파괴로 인한 대재앙을 되돌이킬 수 없게 된다. 지금의 증가 속도라면 겨우 12년 남았다. 그런데도 행동은 없다.

이산화탄소 배출의 주요 원인인 에너지 부문 배출량의 71%가 도시에서 발생한다. 세계 189개국 1만 3,000여 도시 중 1%도 안 되는 100개의 대도시가 세계 온실가스 배출량의 18%를 차지한다. 주로 대도시 교통에서 발생하는 대기오염으로 2018년에만 700만 명이 사망했다. OECD 국가에 속해 있는 도시 275개 중 91%가 '미세먼지 위험 수준(WHO PM2.5 허용치 연평균 $10\mu g/m^3$ 초과)'이다. 특히 도시화가 본격화되고 있는 개발도상국 대도시는 심각한 수준이다. 인도의 델리는 WHO PM10 허용치인 연평균 $20\mu g/m^3$를 10배 이상, 이집트 카이로와 방글라데시 다카는 7배 이상, 중국 베이징, 인도 뭄바이와 캘커타는 5배 이상 초과하고 있다(WHO 2018년 자료).

지구온난화와 대기오염만 인류를 위협하는 것은 아니다. 대도시에 살고 있는 인간의 '사회적 생태계'도 심각한 지속 불가능성의 위기에 처해 있다. 선진국 대도시의 불평등 수준은 대부분 최악의 불평등 국가의 불평등 수준에 맞먹는다. 상위 1%의 소득이 나머지 99% 소득의 40배에 이르는 뉴욕의 지니계수(0.504)는 아프리카 스와질란드와 동일한 수준이다. LA의 지니계수(0.496)는 스리랑카(0.490)보다 조금 낮고, 보스턴(0.469)은 르완다(0.468)보다 높다. 영국 런던은 상위 10%가

하위 10%보다 295배나 많은 자산을 소유하고 있다. 서울의 지니계수 0.336(서울연구원 2017년 자료)도 몽골(0.327), 알바니아(0.332)보다 높다(세계은행 자료). 대도시의 상대적 빈곤 문제는 지방 소도시나 농촌에 비해서 훨씬 심각하고 빠르게 확대되고 있다. 미국은 대도시권(도심과 교외)의 빈곤층이 1970년 1,500만 명 수준에서 2015년 2배 가량 늘어나 3,000만 명에 육박한다. 하지만 농촌은 1970년의 800만 명 수준을 유지하고 있다.

대도시의 소득 불평등은 주로 높은 생활비, 특히 주거비에 기인한다. 서울연구원에 따르면 2008년부터 서울 전체 가구의 근로소득이 증가해도 소득 불평등이 오히려 악화되기 시작했다. 소득이 적을수록 월세 비중이 높기 때문이다. 서울시 가구의 가처분소득에서 주거비를 빼면 지니계수가 더 높아지는 것으로 나타났다.

[도표 1-3] 주거비 부담을 반영한 서울 가구의 지니계수 추이

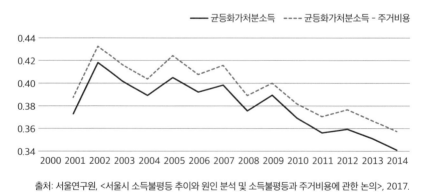

출처: 서울연구원, <서울시 소득불평등 추이와 원인 분석 및 소득불평등과 주거비용에 관한 논의>, 2017.

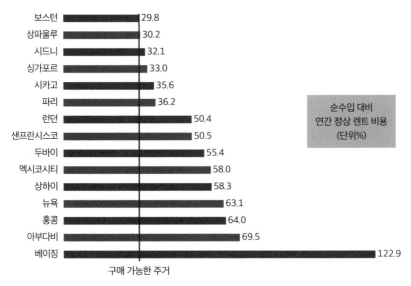

[도표 1-4] 연평균 주거비가 순소득에서 차지하는 비중(2015년)

순수입 대비
연간 정상 렌트 비용
(단위%)

보스턴	29.8
상파울루	30.2
시드니	32.1
싱가포르	33.0
시카고	35.6
파리	36.2
런던	50.4
샌프란시스코	50.5
두바이	55.4
멕시코시티	58.0
상하이	58.3
뉴욕	63.1
홍콩	64.0
아부다비	69.5
베이징	122.9

구매 가능한 주거

출처: Housing for Inclusive Cities: The economic impact of high housing costs.

[도표 1-4]를 보면 알 수 있듯이, 이는 전 세계 대도시의 공통적인 현상이다. 순소득의 적게는 30%(보스턴), 많게는 120%(베이징)를 주거비로 소진하고 있다. 베이징이 이렇게 높은 것은 중앙정부와 국유기업들이 과도하게 많은 땅을 차지하고 있는 데다 주변 지역 경제 악화로 사람들이 몰려들고 있기 때문이다. 그래서 고소득층을 제외한 서민들 다수가 외곽으로 밀려나고 있다. 베이징, 상하이, 선전, 저장 등 경제수준이 높은 성과 시의 행복지수가 가장 낮았다. 그 주요 원인도 주택가격의 급등이었다.

중국 경제가 급성장하던 2010년, 중국 최초로 중산층 가정의 행복지수를 조사한 보고서 《중산가정 행복 백서》가 발표되었다. 대다수 가정은 주택 대출 상환 부담 때문에 부부가 모두 더 많은 돈을 벌기 위해

가정에 머무는 시간이 줄어들어 행복감이 감소했다고 토로했다. 미 실리콘밸리는 주택 가격이 미국 평균의 4배다. 2012년 1만 9,511명이던 순유입 인구가 2017년에는 308명으로 줄어든 주된 이유다.

대도시의 '시간 비용' 문제도 심각하다. 독일 포드사의 노동자들은 출퇴근 스트레스가 치과에서 치료를 받을 때 받는 스트레스보다 더 심하다고 하소연하고 있다. 대도시에서 겪는 불평등과 스트레스는 우울증이 세계 1위 질환(전체 질병 부담의 15%)으로 부상하는 주요 원인이 되고 있다(WHO 2016). 우울증 환자 10명 중 1명 이상이 자살하고 있다. 대도시는 자연뿐만 아니라 인간의 생명도 위협하고 있는 것이다.

대도시 거주민들이 대도시를 벗어나고 싶어 하고 실제로 최근 이주 현상이 늘어나고 있는 것은 자연스러운 결과다. 2011년 취업 포털 잡코리아가 한국 도시의 직장인 대상으로 조사한 결과 10명 중 8명에 해당하는 78.4%가 '도시를 떠나 생활하는 것을 생각해본 적 있다'고 답했다. 2013년 통계를 시작한 이후 한국의 귀농·귀촌 인구는 꾸준히 증가해 2017년에는 50만 명을 돌파했다. 미국에서는 최근 대도시들에서 매일 수백 명의 노동자들이 이탈하는 현상이 일어나고 있다. 2018년에 뉴욕은 매일 277명, LA는 201명, 시카고는 161명이 떠난(또는 밀려난) 것으로 나타났다.

지방 도시와 농촌의 생활 여건 또한 나빠지고 있다. 대도시는 계속 성장하는 반면에 나머지 지역은 높은 빈곤율과 실업률, 인프라 부족 문제가 심해지고 있다. 미국의 농촌 빈곤율은 대도시에 비해 1.5배 높고, 일자리 증가율은 8%p 낮고, 광대역 인프라는 35%p 낮다. 이는 미국 지방 소도시가 미국의 성장 동력 역할을 거의 상실하고 있다는 것을 보여준다. 1990년대 초에는 미국의 125개 카운티가 신규 일자리의 절반을 창출했으나 2010년에는 뉴욕, 샌프란시스코 등 대도시가 속한 단 20개 카운티가 절반을 만들어냈다.

일본은 2040년까지 지자체의 절반이(〈마스다 리포트〉 2014), 한국은 228개 지자체 중에서 3분의 1이 30년 내(한국고용정보원 2017) 소멸할 전망이다. 중국에서는 2007~2016년 사이에 80개 중소도시의 인구가 심각한 수준으로 감소했다. 심지어 균형 발전이 잘 이루어지고 있는 것으로 알려진 유럽에서도 이 문제는 심각하다. 독일은 청년들의 대도시 집중으로 인해 107개 자치도시 중 59개 중소도시의 인구가 급격히 감소하고 있다.

그러나 그 치명적인 부작용에도 세계적으로 대도시는 여전히 확대일로에 있다. 2019년 55%에 이른 전 세계의 도시화율은 2030년에는 60%로 상승하고, 인구 1,000만이 넘는 대도시는 2014년 28개에서 2018년 33개로 늘어났고, 2030년 43개로 늘어날 전망이다(UN 2018). 다시 말하자면 대도시로 인한 자연과 인간 생태계의 지속 불가능성 위기가 더욱 심해지고 있는 것이다. 지구 생태계 붕괴의 위기를 극복할 시간이 점점 더 짧아지고 있다.

코로나19를 대도시 문제를 해결할 혁신의 계기로

코로나19는 대도시 문제를 신속히 해결하라는 지구의 간절한 첩보이자 마지막 경고일 수 있다. 대도시가 활동을 멈추자 지구의 대기는 순식간에 깨끗해졌고 숨어 있던 짐승들이 쏟아져 나왔다. 파리협약을 우습게 만든 훨씬 강력한 처방이었다. 인간으로부터, 대도시로부터 지구를 지키기 위해 곧 새로운 미지의 바이러스들이 무차별적인 공습을 시작할 것이라는 얘기가 더 이상 우스개가 아니게 됐다.

기원전 5세기에 그리스 아테네의 인구 3분의 1 이상을 죽인 정체불명의 역병에서부터 중세의 흑사병, 19세기 런던을 강타한 콜레라까지 모든 역병은 당대 도시가 안고 있던 가장 심각한 모순을 유전자 증폭기처럼 명징하게 드러내어 도시를 혁신했다. 코로나19 또한 현재 대도시가 야기하고 있는 지속 불가능성의 문제를 해결할 혁신의 계기가 될 수 있다.

이 새로운 전 지구적 전염병이 대도시에 던지는 메시지는 매우 단순하고 선명하다. 한곳에 많이 모여 살지 말라는 것이다. 코로나19는 흑사병, 콜레라를 거치면서 수세기에 걸쳐 정비한 최신 상하수도 체계와 과학적 방역 체계 등 대도시의 방어 체제를 일거에 무력화시켰다. 코로나19를 피하는 유일한 방법은 유감스럽게도 아직까지는 거리 두기밖에 없다. 대응을 잘했다며 일부 대도시들이 자찬하고 있다. 그러나 그것은 거리 두기의 성공, 즉 집중이라는 대도시의 본성을 완화하는 작업에 성공한 덕분이다. 마치 물에 가라앉기 전에 숨을 잘 참았기 때문에 아직 살아 있다고 자랑하는 형국이라고 할 수 있을지도 모른다. 거리 두기가 완화되면 어김없이 확진자가 급증하기 시작한다.

새로운 세계적 역병이 시사하는 도시 혁신의 과제는 결국 집중의 해체, 즉 분산에 있음은 명확하다. 그것이 대도시의 다핵화든 해체든, 혹은 새로운 소도시 네트워크로의 이전이든, 과거 아테네, 로마, 런던이 했던 도시 공간의 근본적인 혁신이 필요한 시점이다. 현재의 대도시는 집중과 규모의 경제에 기반하는 19세기 산업혁명의 산물이다. 대도시가 야기한 지속 불가능성의 위기는 바로 이 집중의 부작용에서 비롯한 것이다. 인구의 집중은 교통체증으로 대기오염과 스트레스를 유발하고 부동산 가격 상승으로 불평등을 야기했다.

4차 산업혁명, 즉 디지털 전환은 분산을 통한 질의 경제에 기반하고 있다. 기존의 도시 공간에 4차 산업혁명 기술을 부분적으로 적용하는 것으로 경제의 근본적인 패러다임을 바꿀 수는 없다. 도시 혁신은 4차 산업혁명 기술을 전면적으로 적용해야만 달성할 수 있다. 코로나19 대응의 세계적인 모범국인 한국이 이 명예로운 지위를 유지하기 위해서는 4차 산업혁명을 도시 공간 혁명으로 바꾸는 작업까지 선도해야 한다. 인류 최대의 위기인 코로나19는 한국이 세계 최상위 국가로 발돋움하는 기회일 수도 있다.

PART 2

뉴노멀 시대,
우리 삶은 어떻게 리셋되는가

1
사무실 노동, 대전환의 기로에 서다

이명호(여시재 기획위원)

노동시장과 노동 형태를 바꾸고 있는 코로나19

코로나19로 인하여 노동시장이 요동치고 있다. 국경과 지역의 봉쇄, 사회적 거리 두기는 노동을 중단시키고, 노동 형태를 변화시켰다. 사람들과의 대면 접촉으로 전염병이 전파되는 상황에서 노동과정에서 대면 접촉 정도와 노동 형태의 전환 가능 여부에 따라서 노동시장이 분화되었고, 새로운 계급의 분열과 불평등이 이슈가 되고 있다.

미국 노동부 장관을 역임한 로버트 라이시Robert Reich는 〈가디언The Guardian〉지 기고문에서 코로나19가 노동계급을 네 계급으로 분열시켰다고 지적했다. 제1계급은 원격근무가 가능한 노동자들(전문직, 관리직, 기술 인력), 제2계급은 코로나19 위험 속에서도 필수적인 일을 하는 노동자들(위생보건의료 인력, 물류배달운송 노동자, 경찰관, 소방관 등), 제3계급은 직장을 잃거나 임금이 줄어서 어려움을 겪고 있는 노동자로 원격근무가 불가능한 소매점, 식당, 접객업, 일감이 줄어든 제조업 종사자들이다. 제4계급은 잊힌 노동자들로 물리적 거리 두기가 어려운 감옥이나 수용소, 노숙인 시설 등에 있는 사람들이다.

코로나19는 돌발적인 상황이라고 할 수 있지만, 경제 침체가 계속되고 향후에도 유사한 상황이 반복될 수 있기에 근본적으로 노동과 일을 변화시킬 것으로 예상된다. 대면 접촉을 기피하는 상황에서 디지털이라는 새로운 기술은 노동을 어떻게 변화시킬까? 재택근무, 원격근무가 일상화될까? 일하는 공간인 사무실(오피스)은 여전히 필요할까? 빌딩과 도심은 어떻게 변할까?

재택·원격근무는 코로나19로 인하여 전 세계적으로 전 분야에 걸쳐 진행된 사회 실험이라 할 수 있다. 일반적으로 원격근무(재택근무)란 조직의 근무자들이 적어도 주 1회 이상 집, 위성사무실, 원격근무센터 등 기존의 사무실 중심 근무 현장 이외의 장소에서 정보통신장비를 사용하여 일하는 대안 근무를 의미한다.

한국은 코로나19 이전에는 재택근무의 비중이 매우 낮았으며(0.1% 미만으로 추정), 재택근무 비율이 가장 높은 네덜란드도 13.7%에 불과했다. 그러나 직업 알선 사이트들에서 조사한 바에 따르면, 코로나19 기간 동안 대략 60% 정도가 재택근무를 경험했고, 대기업이 중소기업보다 재택근무 비율이 높았다. 재택근무에 대한 만족도 또한 68%로 높았고, 71% 정도가 계속해서 재택근무를 할 수 있으면 좋겠다고 응답했다.

재택근무는 ICT 기업에서 활발하게 채택했으며 기간도 길었던 것으로 추정되나, 전반적으로 1개월 이내였다. K-방역의 성공으로 소수

기업을 제외하고 다시 출퇴근 근무로 돌아갔다. 아마 각 기업들은 재택근무의 장단점을 평가하고 손익계산을 하고 있을 것이다. 국내 기업 중에서는 처음으로 SK텔레콤은 직원들이 서울 도심에 위치한 본사로 출근하는 대신 서울 전역과 인근 도시의 분산 사무실로 출근할 수 있도록 하여, 전 직원의 출근 시간을 20분 이내로 줄이는 방안을 추진한다고 발표했다.

[표 2-1] 코로나19 위기 때 국내 ICT 기업의 대안근무 현황

기업명	기간	근무 형태	이후 조치
네이버	2. 26~4. 17	재택근무 및 원격근무	주 2회 출근 전환근무제
카카오	2. 26~4. 9	재택근무 및 원격근무	주 1회 순환 출근제
SK텔레콤	2. 25~3. 22	재택근무 및 원격근무	주거지 인근 분산 사무실 출근제도 수립
KT	2. 26~3. 20	재택근무(순환제)	7월 초 확진자 발생, 재택근무 연장
NC소프트	2. 27~4. 29	유급휴가 및 재택근무 (순환 2부제, 주 4일제)	정상 출근

자료: <인공지능, 코로나19를 만나다>, KISDI, 2020(저자 수정).

미국의 경우 코로나19 이전에는 원격·재택근무 비중이 3.2%였으나 코로나19 기간에는 63% 정도가 재택근무를 하고 있고(4월 말 Gallup 조사), 직원의 80% 이상이 재택근무를 했다는 응답률도 68%(MIT 조사)에 달했다. 또 다른 조사에 따르면 전일 재택근무 직원은 25% 이상이고 부분 재택근무 직원은 30%에 달한다(Global Workplace Analytics, 2020). 영국 등 유럽 국가들도 50% 이상이 재택근무를 하고 있는 것으로 보고되고 있다. 한 조사에 따르면 미국 인력의 56%가 원격 작업으로 대체할 수 있는 작업을 하고 있고, 직원의

43%가 적어도 일부 시간 동안 집에서 일한 경험이 있기 때문에, 코로나19 상황에서 재택근무가 가능한 일은 대부분 재택근무로 전환되었다고 볼 수 있다.

미국에서는 석 달 넘게 재택근무가 지속되고 있는 가운데(일부 미국 기업들은 직원들의 회사 복귀를 준비하고 있고, 일부 기업들은 연말까지 재택근무가 계속될 것으로 보고 있음), 전 세계에 사무실과 직원을 둔 페이스북(직원 4만 8,000명) 등의 디지털 기업들은 원하는 직원들은 '영구적인' 재택근무를 할 수 있도록 하겠다는 방침을 밝히고 있다.

재택근무를 가능케 하는 일의 디지털 전환

이러한 상황에서 재택근무가 일상적인 근무 형태로 자리 잡을 수 있을까?

일과 일하는 방식의 변화를 살펴보려면 먼저 일의 결과물(생산물), 일하는 도구, 일하는 조직, 일하는 사람, 일하는 공간 등에서 어떤 변화가 일어나고 있는지를 봐야 한다. 산업 시대와 디지털 시대로 구분해서 검토해보기로 하자.

산업 시대의 범용 기술(생산 및 경제활동의 기반이 되는 기술)은 엔진이었다. 산업 시대에는 동일한 기계가 여러 대 모여 있는 공장에서 엔진으로 동력을 얻는 기계를 작동하여 유형의 제품을 생산하는 육체노동자들이 대규모의 수직적인 기업 조직에 속해서 동시에 일하는 경제활동 방식이 주를 이루었다. 이 시대의 재택근무란 공장 생산과 관련된 서류 작업을 집에 가서 하는 것이었다고 할 수 있다. 따라서 재택근무는 공장제 근무의 종속된 형태에서 벗어날 수 없었다.

디지털 시대에는 일하는 방식에 근본적인 변화가 일어났다. 범용 기술은 컴퓨터(인터넷, 모바일)로 변했다. 기계 또는 도구에 엔진과 동시에 컴퓨터IoT가 들어가는 것이 일반화되었다. 일의 형태는 컴퓨터라는 도구를 이용하여 무형의 콘텐츠(알고리즘)를 만드는 정신노동으로 바뀌었고, 직원들은 소규모의 수평적 조직(팀이라고 할 수 있다)으로 구성되어 사무실이라는 공간(실제는 가상의 공간)에서 서로 다른 연관된 업무를 비동시적으로 진행하는 방식으로 바뀌었다. 노트북 하나면 어떤 정보든지 입수 가능하고, 어떤 업무 프로세스에도 접근할 수 있고, 통합적으로 업무를 처리할 수 있게 되었다.

이로써 디지털 시대에는 일의 공간적 귀속성, 시간적 귀속성이 완화되고 일이 유연화되고 있다. 한마디로 '일의 디지털 전환'이라고 할 수 있다. 일하는 도구의 디지털화 단계를 지나 일 자체의 디지털화로 넘어가고 있는 것이다. 일의 결과물, 일 자체가 디지털화하고 있다. 초기에 업무 전산화는 일(사무)의 일부분을 컴퓨터로 처리하는 수준이었다. 그러나 지금은 업무 자체가 디지털화하는 단계로 나아가고 있다. 회사 조직이 클라우드 플랫폼 위에서 움직이고, 모든 업무를 디지털 도구로 처리하고, 협업과 업무의 연계도 디지털을 바탕으로 이루어지고, 결과물도 디지털로 나오는 업무 형태가 등장한 것이다. 이제 사무실을 떠나서 언제 어디서나 노트북만 있으면 일을 할 수 있는 시대가 되었다.

[표 2-2] 산업 시대와 디지털 시대 일의 변화

구분	산업 시대	디지털 시대
범용 기술	증기기관(엔진)	컴퓨터(인터넷, 모바일)
생산물	유형의 제품	무형의 콘텐츠(알고리즘)
도구	기계	컴퓨터
직원	육체노동자	정신노동자
조직	대규모 수직적 조직	소규모 수평적 조직
공간	공장	사무실/가상공간
시간	동시적 작업	비동시적 작업

디지털 기업들이 재택근무를 앞장서서 도입하고 있으며, 100% 재택·원격근무를 하는 기업도 늘어나고 있다. 이에 따라 표준 근무 시간의 경계가 무너지고 있다. 개인용 블로그 서비스인 '워드프레스 WordPress'를 개발한 오토매틱Automattic CEO인 맷 멀런웨그Matt Mullenweg 는 "사람마다 집중 잘되는 시간, 휴식 취하는 시간이 다르다. 언제, 어디서 일하느냐보다 똑똑하게 일하는 것이 중요한 시대"라고 말했다.

결국 디지털 전환이 근무의 유연성을 높이고 공간(사무실)에 대한 종속성을 완화(해방)시키고, 언제 어디서나 네트워크로 연결된 노트북만 있으면 업무를 볼 수 있는 환경이 되면서 재택근무, 원격근무가 기본적인 업무 형태로 자리 잡아가고 있다. 한편, 디지털 시대 업무 방식의 변화는 프리랜서, 긱 노동, 플랫폼 노동 등 독립적인 노동자 또는 1인 기업인의 증가로 이어지고 있다. 기업 입장에서도 이번 코로나19와 같은 천재지변의 상황이 발생하더라도 단절 없이 업무를 지속적으로 처리할 수 있는 인프라를 조성한다는 점에서 원격근무는 중요한 위기관리 역량으로 요구되고 있다.

사무실의 변화와 그 파급효과

코로나19 기간 동안 빌딩의 사무실은 텅 비었으나 기업은 유지되었다. 이러한 경험을 하면서 기업들은 사무실에 대한 생각을 다시 하고 있다. 영국계 글로벌 금융 서비스 기업 바클리Barclays CEO는 "7,000명의 사람을 한 빌딩에 넣는다는 생각은 과거의 것이 됐다"고, 글로벌 투자은행 모건 스탠리Morgan Stanley 사장은 "은행들은 훨씬 더 적은 건물(부동산)을 소유하게 될 것"이라고, 한 사업가는 "고가의 사무실에 3,500만 파운드를 투자하는 대신 사람에 투자하겠다"고 했다. 심지어 "현재 전 세계에 있는 모든 사무실이 필요하지 않을 수도 있다"는 주장까지 나오고 있다. 다국적 회계 컨설팅 기업 PwC의 조사에 따르면, CFO(최고재무책임자)의 4분의 1은 이미 부동산 축소를 고려하고 있었으며, 회사가 건물을 찾는 활동이 절반으로 줄어들었다.

기업들은 오래전부터 공동 업무 공간, 고정 자리 없는 사무실 등으로 임대료를 절약하려고 노력해왔다. 오피스 공유 서비스 기업 위워크WeWork는 기업들에게 유연한 공간을 제공해주면서 급성장했다. 사실 임대료 등 사무 공간 비용을 가장 확실하게 절감하는 방법은 재택근무다. 직원이 일의 50%를 재택근무로 하면 회사는 직원당 연간 약 1만 1,000달러를 절약할 수 있고, 직원도 교통비 등을 아껴 연간 2,500~4,000달러를 절약할 수 있다. 그동안 기업들은 사무실 근무 관행과 변화에 따른 불확실성 때문에 재택근무로 넘어가는 데 주저했다.

그러나 코로나19로 급속하게 재택근무로 전환하면서 "매일 수천 명이 방문하던 미디어 회사 건물에 지난 8주 동안 수십 명밖에 방문하지 않았지만, 미디어 서비스는 계속"되는 것을 경험하며 사무실을 꼭 유지할 필요가 있는지 생각하게 된 것이다.

미국에서는 정부가 사무실 내 감염 예방 조치를 내려 건물이 현재와 같은 상태를 유지하기 어려워졌다. 고층 빌딩의 엘리베이터에 2명씩만 타도록 하면, 출근 시간만 몇 시간이 걸린다. 사무실 내에서 직원 간 거리를 6피트 이상 유지하도록 하는 규칙을 적용하면 대부분 사무실이 직원을 현재의 약 4분의 1 정도밖에 수용할 수 없다. 결국 기업들이 재택근무를 유지할 수밖에 없게 됨으로써 상업용 부동산 가치가 30% 떨어질 것이라는 전망도 나오고 있다.

사람들이 대도시의 사무실에 출근하지 않기 시작하면, 도심의 상권도 침체되는 연쇄 현상이 예상된다. 도심의 상권, 식당과 술집, 식료품점은 지하철이나 버스, 기차 등으로 출근하는 사람들에 전적으로 의존하고 있다. 시카고대 베커프리드먼연구소Gary Becker Milton Friedman Institute of Research in Economics는 원격근무가 일상화되면, 2020년 4월까지 사라진 일자리의 약 42%가 영구히 사라질 것으로 전망하고 있다. 한국도 재택근무가 확대되고, 도심으로 몰리는 출퇴근과 교통량이 감소하면 서울(수도권) 도심의 부동산과 집값이 떨어질 것으로 보인다.

재택근무가 일상화되면 사무실은 사라질까? 사실 사무실의 역사는 오래되지 않았다. 중세에는 하루 종일 책상 앞에 앉아서 일하는 사람은 책을 손으로 베끼는 필경사뿐이었다. 필경사들이 모여 있는 공간이 사무실이었다고 할 수 있다. 근대적인 사무실의 시작은 1729년 런던에 지어진 동인도회사 건물이었다. 동인도회사는 수천 마일 떨어진 곳에서 일어나는 정보를 모르고 의사 결정을 내려야 했기에 매우 크고 복잡한 관료주의를 만들어냈다. 많은 양의 문서를 생성하고 관리해야 했기에 사무실이라는 공간이 생겨났다. 그러나 18세기에는 대부분 사업가들이 런던에 있는 두 곳의 커피숍에서 사무를 처리했다. 당시 장인들은 운영하던 상점의 위층에 살고, 가게에 사는 점원은 가정의 종처럼 취급됐다. 점원은 출퇴근이 없다는 장점이 있었으나, 단점은 탈출구가 없다는 것이었다.

현대에 들어 사무실이라는 공간을 인식하기 시작한 때는 19세기 중반이다. 당시에는 공장 구석에 위치한 이런 공간을 경리실counting house 이라고 불렀다. 수백 년 전 이탈리아 상업가의 사무실과 별반 다르지 않은 좁은 공간이었다. 이후 사무직 노동자들이 늘어나면서 사무실은 공장 지역에서 분리되어 사무실만 들어 있는 오피스 건물과 도심의 다운타운에 자리 잡게 되었다. 이것이 오늘날 우리에게 익숙한 사무실의 시초다. 그리고 산업 시대에 기업들이 경쟁적으로 회사 상징 건물로 고층 빌딩을 건설하고 사무실에 모여서 근무하게 되면서 현대 대도시가 형성되었다고 할 수 있다. 1880년까지도 사무직 종사자(화이트칼라 노동자)는 미국 전체 노동인구의 5퍼센트도 안 되었지만, 2000년대 들어서는 55%를 넘어 제일 비중이 많은 집단으로 성장했다(한국도 1990년대에 들어서면서 블루칼라 노동자보다 화이트칼라 노동자가 더 많아지고, 2010년대에는 60%를 넘었다).

그동안 사무실, 직장은 우리의 삶의 구조, 목적 및 의미를 부여하는 공간이었다. 사무실은 잠자는 시간을 제외하고 일상의 대부분 시간을 보내는 곳이며, 우리가 실제로 사는 곳이라고 할 수 있다. 우리는 가족보다 사무실에서 만나는 동료 및 상사와 더 많은 시간을 보낸다. 사무실은 사회생활의 공간이자 기업과 사람이 성장하는 공간이기도 하다. 상사와 선배들에게서 업무를 배우고 사회생활, 인생의 경험을 배우는 성장의 공간이기도 하다. 비공식적인 대화에서 좋은 아이디어가 나오기도 하고, 상호작용을 통해 생산성을 높이고 동기부여를 받는 공간이기도 하다. 이와 같이 사무실은 현대의 직장이 제공하는 여섯 가지 양식, 즉 의사소통, 집중, 창조, 회의, 숙고 및 사교를 개괄하는 공간이다. 그러나 코로나19에 따른 재택근무의 일상화는 사무실의 위상을 변화시키고 있다.

사무실은 업무 공간 이외에 의사소통, 창조, 회의, 숙고 및 사교를 위한 공간이다. 따라서 사무실 공간은 여전히(한동안) 유지될 것으로 보인다. 개별 업무는 집에서 이루어지고 사무실은 회의, 브레인스토밍, 워크숍, 문화 및 교육 허브 등 집단적인 교류 및 상호작용을 위한 공간으로 변화할 것으로 전망된다. 이처럼 사무실은 회사의 중추 역할을 하는 공간으로 남아 있겠지만, 규모는 대폭 축소될 것이다. 워크숍과 교류 및 상호작용을 위한 공간으로서 교외 지역으로 이전하는 사무실(빌딩)도 늘어날 것으로 전망된다. 대규모 회사들은 직원들이 주로 거주하는 주거 단지 인근에 분산 사무실을 운영하게 될 것이다.

결국 도심으로의 회귀, 젠트리피케이션gentrification의 시대가 끝나고 다시 교외로 나가는 흐름이 시작될 것이다. 1960년대에는 공장(산업단지)이 큰 비중을 차지했던 대도시에서 주거 단지가 도심 외곽으로 빠져나갔으나, 2000년대 들어 공장이 대도시에서 외곽으로 완전히 빠져

나가고 도심이 사무실 빌딩으로 재편되었다. 외곽으로 나갔던 부유층, 화이트칼라들이 직장이 있는 도심으로 다시 들어오면서 젠트리피케이션 현상이 진행되었다. 도심이 부자들의 전용 공간이 되고, 자산 양극화와 소득 불평등이 심화되면서 도시의 성장과 혁신도 정체되었다. 새로운 아이디어를 가진 젊은 인재와 스타트업을 도시로 끌어들이려면 집값과 임대료가 낮아야 한다. 도시가 성장하려면 젊은 인재, 스타트업을 위해 도심 지역에 싼 가격의 임대 주택을 많이 제공해야 한다. 사회통합적인 도시는 혁신과 부의 창출을 촉진하면서도 좋은 일자리를 만들어 생활수준을 개선하고 모든 사람에게 더 나은 생활을 향유하도록 해준다.

그러나 앞으로는 인재들이 도심에 몰려드는 흐름이 멈추고 다시 역류하는 일이 벌어질 것으로 전망된다. 코로나19로 재택근무, 원격근무가 일상화하면서 화이트칼라 노동자들이 도심에 살 이유가 없어지고 있다. 언제 어디서나 원격으로 일할 수 있기에 번잡한 도심에 있을 필요성이 줄어들기 때문이다. 주거지가 일터인(직주일체) 시대가 열린 것이다.

재택근무가 늘어날수록 점점 더 거주지, 지역 커뮤니티가 중요해지고, 로컬에 사람들이 몰리고 로컬이 일상의 중요 지역으로 등장할 것으로 보인다. 회사(사무실)가 일상의 주요 공간이었을 때는 회사가 있는 도심지가 중요했으나, 재택근무가 일상이 되면 거주지 중심으로 일상 활동이 늘어나고 커뮤니티가 활성화될 것이다. 새로운 사람을 만나고, 사회생활의 경험을 배우고, 주민들과 함께 지역의 발전을 모색하고, 문화와 여가 활동을 즐기는 공간으로서 커뮤니티가 재조명받게 될 것이다. 생활, 학습 및 업무와 같은 모든 종류의 기능을 결합하고 혼합한 비즈니스 커뮤니티의 등장도 예상된다. 이로써 인간은 산업사회의 '회사 인간'의 시대에서 해방되어 비로소 시민(커뮤니티의 주민)으로 재탄생할 것이다.

재택근무, 직주일체의 시대를 앞당기기 위해서는 어떤 정책이 필요할까? 첫째는 주거지 인근에 공유 사무실 공간을 만들어 제공하는 것이다. 집에서 일하는 것이 어려운 사람들이 저렴한 비용으로 공유 사무실에서 일할 수 있도록 해줘야 한다. 신규 아파트를 건축할 때 단지 내에 업무를 볼 수 있는 복합 용도의 공간을 만들도록 해야 한다. 정부와 지자체는 주거지 인근에 업무도 볼 수 있는 도서관을 많이 건설해야 한다.

둘째는 재택근무 실시 기업에 대한 지원이다. 재택근무는 교통 혼잡(수요)을 줄이고, 이는 온실가스 감축으로 이어지므로 재택근무를 실시하는 기업에게는 조세 감면 혜택을 줄 수 있다(네덜란드 실시).

셋째는 재택근무를 처음 실시하는 직장인이나 1인 기업에게 1회에 한해 재택근무에 필요한 장비(노트북, 책상, 의자 등) 구입을 지원하는 방안이다.

넷째는 직원이 기업에게 재택근무 등을 포함한 유연근무를 청구할 수 있는 권리를 부여하는 방안이다. 기업의 업무 특성상 재택근무가 가능할 경우 직원이 재택근무를 요구하면 허락하도록 하는 방안이다(영국, 네덜란드 실시). 기업이 허락하지 않으면 노동위원회에 심판을 청구할 수 있도록 한다.

코로나19는 급작스럽게 재택근무, 원격근무를 실시하도록 하는 사회적 실험을 강제했다. 코로나19가 종식되면 사람들은 이전과 같이 매일 사무실에 출근하여 업무를 보고 퇴근하는 일을 반복하게 될까? 경험은 사람들의 인식을 바꾸고 미래의 행동에 영향을 미친다. 재택근무가 가능한데 매일 출근할 이유는 없어졌다고 할 수 있다. 이제 기업들과 직장인들은 자신에게 적합한 업무 방식과 공간을 찾게 될 것이다. 코로나19 이후 일의 세계에서는 또 다른 다양한 실험이 진행될 것이다. 그리고 업무에 디지털 기술을 더 활용하게 될 것이고, 사무실에 가야만 하는 필요성을 덜 느끼게 될 것이다. 사무실의 시대가 서서히 막을 내릴 것이다. 그리고 우리는 이를 대체할 새로운 공간을 찾게 될 것이다. 그 공간은 아마 자신의 거주지, 로컬에서 찾게 될 것으로 보인다.

2
새로운 시대의 새로운 노동법 [1]

박지순(고려대 법학전문대학원 교수)·송보희(여시재 솔루션디자이너)

새로운 산업구조에 맞는 노동법이 필요하다

역사적으로 봤을 때 산업혁명 이후 노동은 네 단계를 거쳐왔다. 1차 산업혁명은 '노동의 기계화'를 의미한다. 노동 1.0 시대다. 노동법은 여기서 출발했다. 장시간 노동의 규제 등 기본적 근로조건을 보장하는 것을 목적으로 했다. 노동법의 역사를 근로시간 단축의 역사라고 부르는 이유도 그 때문이다. 2차 산업혁명은 '대량생산 대량고용'을 낳았다. 노동조합과 단체협약이 일반화됐다. 노동 2.0 시대라 부른다. 1970년대를 거치면서 컴퓨터와 인터넷 보급으로 3차 산업혁명의 시대를 열었다. 종업원의 경영 참가가 확산되었다. 노동 3.0 시대. 그

---

1 디지털 산업혁명에 코로나19가 겹치며 노동의 모습에도 근본적인 변화가 예상된다. 고용과 피고용 관계 자체는 물론 보험 등 사회제도 전반에 큰 충격으로 다가올 것이다. 여기에 대응할 수 있는 정책 과제 발굴을 위해 노동법 전문가인 박지순 고려대 법학전문대학원 교수를 초청, 여시재에서 세미나를 진행했다. 이 글은 해당 세미나 내용을 정리한 것이다.

리고 지금의 4차 산업혁명의 시대는 곧 노동 4.0시대다. 코로나 19는 4차 산업혁명의 가속화에 큰 영향을 미치고 있다.

노동 4.0 시대 노동 세계의 키워드는 '해체' 또는 '탈경계'다. 노동 시간과 작업 공간의 경계가 해체되고 있다. 여기에 플랫폼을 중심으로 하는 노동 방식이 급속도로 확산되고 있다. 지금의 노동법은 전통적인 공장 노동 시대에 맞는 것이다. 우리의 근로기준법은 말하자면 '공장법'이다. 9시 출근해서 12시에 밥 먹고 6시에 퇴근한다. 연장, 야간, 휴일에 일하면 수당을 받게 되어 있다. 이 틀은 4차 산업혁명의 시대에 맞지 않는다.

우리 스타트업들 중 잘나가는 회사들도 있지만 그렇지 못한 회사들이 훨씬 많다. 그런데 채용하는 순간부터 해고하지 못하게 하면 끔찍한 현상이 발생한다. 해고가 법에 어긋나면 모두 복직시키게 되어 있다. 그러니 갈등이 해소되지 않는다. 금전 보상 등으로 헤어질 기회를 열어줘야 하는 것 아닌가 생각한다. 시대에 맞게 기준을 변경할 필요가 있다.

현재의 노동법을 기업과 노동자 각각의 입장에서 살펴보자.

먼저 기업 입장이다.

"국가가 기업의 인력 관리에 과도하게 개입한다. 임금 규제, 근로시간 규제가 너무 획일적이다. 통상임금을 둘러싼 소송은 한국에만 존재한다. 소송 가액만도 수조 원이라는 천문학적 금액이다. 로펌만 살찌운다. 호봉제도 한국에만 남아 있는 유산이다. 일본도 1960년대부터 조금씩 바꿔왔다. 호봉제가 임금 체계에서 중심적 역할을 하는 국가는 G20 가운데 한국이 유일하다. 유연근무제는 노조 반대로 안 된다. 근

[표 2-3] 기업과 취업자의 관점에서 본 노동법의 위기

노동법의 위기—기업의 관점	노동법의 위기—취업자의 관점
• 직접고용, 풀타임, 정년 보장의 인력 운영 방식을 전제로 하는 전통적 노동법 한계 • 인력 관리에 대한 국가의 과도한 개입 • 근로시간 획일 규제 및 임금과 근로시간의 엄격한 연계성에 기초한 전통적 노동법의 한계 • 통상임금 사례, 연공서열형 임금 체계의 문제, 유연근무제 확대의 어려움 • 근로 조건 변경 시스템의 경직성으로 변화 대응 미흡, 기업 내 갈등 조성 • 모호한 규정과 낡은 규율 방식으로 소모적인 법적 분쟁 야기 • 노사 간 상생 협력을 방해하는 노사 갈등 유발 • 감염병 확대 등 새로운 위기에 대응할 수 있는 탄력성 결여	• 플랫폼 노동이 확산하고 자영업 기반의 다양한 취업 형태가 증가하고 있지만 해당 분야 취업자를 보호할 제도 미비, 불안정 취업사 양산 • 전통적 산업노동자 중심의 현행 노동법 적용 범위 점차 축소 • 다수의 불안정 취업자가 노동법에서 배제, 사회적 갈등 야기 • 중간지대(인적 종속성 약하지만 경제적 종속성 인정되는) 취업자 위한 노동법 부재 • 구노동 세계와 신노동 세계가 병존할 수 있는 제도 필요

로 조건과 상황이 계속 바뀌는데 현재 노동법 아래서 노사는 해결할 능력이 없다. 그러니 자꾸 법정으로 간다."

다음은 젊은 취업자 입장이다.

"플랫폼 노동자는 자영업자로 분류된다. 그렇게 분류되는 순간 아무런 보호 장치도 없다. 사각지대는 점점 커진다. 현재의 노동법은 전통적 산업 노동자 중심으로 만들어졌다. 현재 제조업이 20%도 안 된다. 그런데도 우리가 보통 블루칼라라 부르는 사람들 중심으로 노동법 구조가 만들어져 있다. 아마 조금 지나면 현재의 노동법은 박물관에 가야 할 것이다. 노동법이 적용되는 현장이 급격히 축소되거나 없어지는 상황으로 가게 될 것이다."

그렇다면 새로운 산업구조에 맞춰 노동법은 어떻게 바뀌어야 할까?

노동 세계의 변화는 노동법의 위기를 가져왔다. 이는 곧 우리의 위기다. 어떻게 이 위기를 헤쳐 나가야 할까? 올드 이코노미를 기초로 한 노동과 뉴 이코노미를 기초로 한 노동이 병존할 수 있는 다층적 제도를 설계해야 한다.

첫째, 새로운 산업구조에 맞게 노동법을 현대화할 필요가 있다. 모호하고 비현실적인 법 규정을 개선하고 새로운 노동 방식에 맞게 근로시간 규제를 혁신해야 한다. 특히 근로시간 자기결정권(근로시간 주권) 확대와 근로시간 총량 규제 방식으로의 전환을 통해 자율과 재량 중심의 유연근무제를 실현할 필요가 있다. 독일에서는 재량근무제가 보편적인 흐름이 되고 있다. 재량근무를 회사가 근로자를 신뢰하고 근로자도 회사를 신뢰한다고 해서 신뢰근로시간제라고 부른다. 근로시간 총량 규제 방식의 '근로시간 저축계좌'[2] 제도는 이미 유럽이 1990년대부터 사용하고 있는 방식이다.

둘째, 다양해진 취업 형태에 따라 노동법을 다층화해야 한다. 현재 국내 노동법은 기본적으로 'All or Noting'의 형태를 띤다. 근로기준법상 규율 대상이 되는 근로자인 경우 노동법이 정한 모든 보호 혜택을 누린다. 채용부터 퇴직까지 혜택을 누린다. 연금보험도 절반만 내고 회사가 나머지를 부담한다. 하지만 근로자가 아니라면 아무런 보호도, 혜택도 얻지 못한다. 한마디로 절벽이라 할 수 있다. 이것이 획일적이고 표준적 조건 중심 근로기준법의 한계다.

미국에선 연봉 10만 달러 이상이면 근로기준법 대상에서 제외된다. 일본도 연봉 1,000만 엔 이상 금융 근로자는 법정 근로시간 대상이 아

---

2 근로시간 저축계좌 제도: 연간 단위로 근로시간을 정해놓고 회사와 근로자의 필요에 따라 탄력적으로 운용하는 제도. 예컨대 2시간 더 일했다면 이를 계좌에 저축해놓고 나중에 휴식할 수 있게 한다. 독일에서 처음 도입했고 지금은 유럽 전역에서 다양한 형태로 변형하여 운용하고 있다.

니다. 그런데 우리는 연봉이 1억이든 2억이든 야근수당, 연장수당 모두 받게 되어 있다. 노동법상 이쪽에 주는 혜택을 줄이고 1인 사업자와 플랫폼 노동자를 더 보호하는 쪽으로 가야 한다.

이미 유럽과 미국에서도 중간지대(자영노동자, 플랫폼 노동자 등) 노동법 확대 방안 논의가 이루어지고 있고, 유럽에서는 중간 형태의 모델이 존재한다. 독일, 영국, 이탈리아, 스페인 모두 중간 모델이 있다. 기존 근로자 중 제외 대상 범위를 확대하고, 경제적 종속성을 가진 1인 자영업자를 위한 최소한의 보호법을 제정하고 플랫폼 노동자를 위한 공정 계약 조건을 마련하는 등의 노동법 다층화가 시급하다. 우리는 늦었다.

이번 코로나19로 긴급 편성된 예산이 1, 2, 3차 추경과 앞으로 추가될 것을 더하면 100조 원은 된다. 이 돈은 공짜가 아니다. 미래 세대를 생각한다면 제대로 환수해야 한다. 그러기 위해서는 지원받은 기업이 활력을 찾아야 한다. 일자리도 창출해야 한다. 노동 개혁이 필수적인 이유다.

셋째, 근로계약기본법을 제정해야 한다. 현재의 노동법은 19세기 공장법을 근대화한 근로기준법으로, 새로운 취업 형태를 포괄하는, 다수의 노동자를 위한 계약 중심의 새로운 기본법이 필요하다. 국가가 획일적으로 감독하고 단속, 처벌하는 방식이 아니라 당사자들이 스스로 정한 계약 규범을 따르고 준수하는 방식으로 혁신이 필요하다.

넷째, 새로운 집단적 노사 관계를 구성함으로써 노사 자율규제를 확대할 필요가 있다. 산업구조와 취업 형태의 변화에 따라 노동조합의 역할은 점차 축소될 수밖에 없다. 이를 대신해 근로자의 참여를 확대하기 위한 집단적 노사 자치 시스템을 재정립할 필요가 있다. 집단적 자치를 협약 자치와 사업장 자치로 이원화하는 것이다. 노동조합의 역할을 가능한 산업별, 업종별 차원으로 확대하고 사업장은 모든 종업원의 민주적 대표성을 확보한 노동평의회works council로 재편하는 것이다.

마지막으로, 감염병 유행 등 국가 위기 시에 대응할 수 있는 노동법을 구상해야 한다. 경제에 활력을 불어넣기 위해 노동 규제를 개혁해 재정 위기 극복에 기여할 수 있어야 하고, 신속한 위기 대응을 위한 한시적 규제 완화 등의 노사정 간 합의가 가능해야 한다. 이외에 기업 및 고용 안정 지원, 근로시간 규제 완화 등의 한시적 조치를 검토하고, 재택근무 활성화를 위한 제도를 보완하는 것 등이 구체적 내용에 해당할 수 있다.

현재 우리나라의 노동법은 지난 60년간 산업화 시대의 규칙으로서 역할을 수행해왔다. 그러나 사회경제 환경의 구조적 변화와 특히 노동의 디지털화로 일자리와 일하는 방식이 근본적으로 변화했다. 뿐만 아니라 코로나19는 우리에게 불확실한 위기를 증대시켰고, 이에 대한 대응으로 새로운 노동법의 필요성은 더욱 높아지고 있다.

해외 사례―독일과 네덜란드 중심으로

노동법을 정보 관련법, 경쟁 관련법과 같이 4차 산업혁명 시대의 새로운 기업 조직, 이해관계자와의 합리적 이익 조정을 위한 규범적 인프라로 인식해야 한다. 이러한 관점에서 새로운 노동법을 구상하고, 아울러 코로나19 팬데믹에 대응하는 한시적 장치를 고민할 필요가 있다.

현재 진행되는 상황의 변화와 법 제도의 괴리를 줄여나가는 작업이 전 세계에서 진행되고 있다. 그중에서도 독일이 앞서 있다. 2020년 3월 27일 독일은 세 가지 패키지로 구성된 '코로나19 특별법(감염병 보호법, 근로시간법, 휴업수당령)'을 제정했다. 주요 내용은 아래 표와 같다.

[표 2-4] 독일의 코로나19 특별법 주요 내용

특별법	주요 내용
감염병 보호법 개정	제56조: 직업 활동 금지 또는 격리로 인한 임금 보전, 자녀 양육 수당 등 법적 수당 지급 기준 완화
근로시간법 개정	제14조 제4항 신설: 한시적 근로시간 탄력화(법정 기준의 예외)를 위하여 정부에 시행령 제정 권한 부여
근로시간령 제정	제1조: 근로시간법 제14조에서 인정하는 업무에 대해 1일 근로시간 12시간까지 연장, 다만 6개월간 1일 8시간 초과하지 않을 것 제2조: 근로일 간 인터벌 시간을 11시간에서 9시간으로 축소 제3조: 주당 60시간 한도 내에서 일요일 및 법정 휴일 근무 허용 2020년 4월 10일 시행, 2020년 6월 30일까지 적용
휴업수당령 개정	사회안전망 개선을 위한 사회보험료 부담 경감 휴업수당 지급 기간 6개월에서 12개월 이내로 연장 수당액은 직전 월 급여의 60%(자녀가 있는 경우 67%) 연차휴가, 근로시간계좌 우선 사용(휴업 발생의 회피 수단 모두 사용) 등

뿐만 아니라, 독일은 재택근무에 관한 법률안도 준비 중이다. 현재는 재택근무 실시 여부를 사용자가 결정하도록 되어 있으며, 근로자에게는 결정권이 없다. 독일은 근로자가 근로시간을 선택하는 자율권을 높임과 동시에 사용자의 (객관적 조건에 의한) 거부권 행사가 가능하도록 2020년 하반기 입법을 계획하고 있다. 이는 사업자와 근로자 양측에게 필요한 방안으로서 사업 이익과 종업원의 희망 사항을 반영한 것이며, 2015년에 입법된 네덜란드 모델을 벤치마킹한 것이다.

한국은 어떤 상황에 놓여 있는가?

우리 노동법은 60여 년간 경제성장을 뒷받침한 노동현장의 규칙으로서 중요한 역할을 해왔다. 그 핵심은 감독과 벌칙, 채찍이었다. 그렇다 보니 회사 근로자 중심으로 사회안전망이 구축됐고 노조도 정규직 중심이었다. 그러나 사회·경제 환경이 구조적으로 바뀌고 있다. 기존 규제를 놓고 완화 또는 폐지라는 방식으로 접근하면 또 진영 갈등이 생기게 되어 있다. 새로운 노동법을 구상해야 한다. 아직 구체성은 떨어지지만 노동법 전문가들 사이에서는 많은 논의가 진행되고 있다.

기본소득과 전국민고용보험 논의도 2020년 하반기 핵심 이슈가 될 것이다. 기본소득을 주장하는 급진적인 사회 개혁론자들이 얼마 전까지만 해도 비주류였으나 갑자기 주류가 됐다. 현재 기본소득을 둘러싸고도 다양한 스펙트럼이 존재한다. 기존 복지 시스템이 지나친 고비용 저효율 구조이므로 국민들에게 기본소득을 지급하는 방식으로 복지 시스템을 대체하자는 게 온건론에 해당하고, 기존 복지는 그대로 둔 채 증세를 통해 기본소득을 따로 얹자는 것이 급진론이다.

당연히 동시대 국민들에게 인간다운 생활을 보장해줘야 한다. 또한 미래 세대가 우리 세대가 다져놓은 기반 위에서 더 발전토록 해야 한다는 원칙도 지켜야 한다.

　나는 하이브리드 모델을 견지하는 입장이다. 급진적인 기본소득 도입은 보수적인 분들이 쉽게 받아들이지 않을 것이다. 시간이 필요하다. 적합한 모델을 구축하려면 데이터도 더 축적해야 한다. 다시 돌아가거나 바꾸려면 엄청난 재정적, 사회적 비용이 들어가므로 시작할 때 방향을 잘 잡아야 한다.

　고용보험도 다시 생각해봐야 한다. 우리 임금노동자가 2,000만 명이다. 자영업이나 프리랜서가 700만 명이다. 전체 2,700만 명 중 고용보험 가입자는 1,350만 정도, 49%에 불과하다. 절반 이상이 구직급여, 고용유지지원금, 직업훈련 대상에서 배제되어 있다. 특수고용직, 비정규직, 파트타이머 등이 사각지대에 존재한다. 코로나19와 같은 감염병이 오면 양극화가 더 심화될 수밖에 없다. 이에 대비해 사각지대를 좁혀나가야 한다. 특고, 자영업자들을 위한 고용 안전망을 새로 만드는 방안이 합리적이라고 생각한다.

　현재 고용보험료율이 회사와 개인 각 0.8%씩 1.6%에 불과하다. 저부담 저급여인데 중부담 중급여로 가야 한다. 연금, 의료보험 다 마찬가지다.

　노동과 복지 전반을 놓고 사회적 대논쟁과 타협이 필요하다. 노동법이 그 핵심에 있다.

3
코로나 시대 교육의 미래[1]

이윤서(여시재 솔루션디자이너)

교육의 위기와 코로나19

코로나19가 발생한 지 반년이 지난 시점에서 유네스코UNESCO가 조사한 바에 따르면, 전 세계 111개국에서 약 10억 명의 학생들이 학교 폐쇄, 휴교령 등으로 등교하지 못하고 있는 것으로 나타났다. 이는 전 세계 교육기관에 등록된 학생 가운데 과반수 이상이 팬데믹 이후 몇 달간 학교 수업을 받지 못했음을 뜻한다. 교육은 코로나19로 가장 큰 타격을 입은 분야 중 하나다. 그럼에도 방역과 백신·치료제 개발, 경제 회복에 밀려 관심과 지원 대상에서 다소 멀어져 있다. 코로나19 이

---

1 여시재는 2020년 6월 18일 코로나19로 다시금 부각된 교육의 위기 상황을 살피고, 앞으로 제시돼야 할 새로운 교육 패러다임을 논하기 위해 반기문세계시민센터와 공동으로 온라인 세미나 '뉴노멀과 교육의 미래'를 진행한 바 있다. 김원수 여시재 국제자문위원장(전 UN군축고위대표)이 사회를 맡고, 이리나 보코바(Irina Bokova) 전 유네스코 사무총장과 이주호 KDI 국제정책대학원 교수(전 교육과학기술부 장관), 모니카 프뢰러(Monica Froehler) 반기문세계시민센터 대표가 참석했으며, 이 글은 세미나에서 오간 내용을 토대로 정리한 것이다.

후 실시 중인 각국의 교육정책 또한 단기적인 학습 공백 메우기에 치우친 경향이 강하다.

사실 코로나19 발생 이전부터 교육에는 어두운 그림자가 드리우고 있었다. 성별, 소득, 지역에 따른 사회적 불평등이 교육 불평등의 심화로 이어졌고, 4차 산업혁명 시대에 적합하지 않은 20세기형 교육 방식은 효과보다는 괴리를 낳았다. 2차 산업혁명 당시 공장의 대량생산 체제에서 비롯한 획일적 학교교육 모델이 각기 다른 역량과 수요를 지닌 디지털 세대의 다양성을 전혀 고려하지 못했기 때문이다. 이에 UN 글로벌교육재정위원회는 세계 청소년의 절반에 달하는 8억 2,500만 명이 사회가 요구하는 기술적·사회적·비판적 사고 능력을 갖추지 못한 채 성인이 될 것이라 경고하기도 했다.[2] 그 가운데 등장한 바이러스는 교육의 위기를 더욱 심화시켰다. 온라인 비대면 수업이 확대되고 있지만 그에 따른 교육 방식의 변화는 이루어지지 않고 있으며, 동시에 디지털 격차와 같은 또 다른 문제가 더해진 것이다.

팬데믹 선언 이후 교육 당국은 세 차례의 등교 연기 끝에 2020년 4월 9일 순차적 온라인 개학을 실시했다. 대한민국 교육 역사상 처음으로 초등학교부터 대학교까지 교육 전 과정을 원격수업 형태로 진행하게 된 것이다. 처음 시작한 온라인 수업은 학생과 교사, 학부모 모두에게 혼란을 가져왔다. 디지털 디바이스 보유 상태, 보호자의 역할 등 학습 환경에 따라 학업 성취도 차이가 커질 수 있다는 우려도 계속해서 제기되는 가운데, 온라인 수업에 이어 정기적 등교 수업을 병행하는

---

2 "The Learning Generation" 보고서, UN 글로벌교육재정위원회, 2017.

단계에 이르렀다.

의도치 않게 시작된 공교육의 온라인 전환은 이제 학교 현장에서 거스를 수 없는 흐름이 되었다. 10여 년 전 이명박 정부 당시부터 '디지털 교과서' 등으로 시도해온, 그러나 교육정책에는 유달리 보수적으로 접근해온 특성상 적극적으로 추진하지 못했던 교육의 디지털 전환이 별안간 팬데믹 위기 상황에서 기회를 맞았다. 교육 당국 또한 온라인 개학 이후 계속해서 "원격수업을 미래 교육의 전환점으로 삼겠다"는 메시지를 내놓고 있다.

지금의 위기가 절호의 기회일지 모른다. 원격수업과 등교수업의 병행이 불가피한 지금 상황을 기존 교육 현장이 안고 있던 문제를 해결할 계기로 삼아보면 어떨까.

가치와 기술의 조화, 하이터치 하이테크 교육

교육의 디지털 전환을 위해서는 교육 패러다임의 전반적인 변화가 필요하다. 한국은 그동안 흔히 말하는 전통적 교육 방식에서 세계 최상위 수준을 유지해왔다. 그러나 암기와 단편적 평가 위주의 학습 방식은 더 이상 유효하지 않다. 2019년 실시된 경제협력개발기구OECD 주관 국제학업성취도평가PISA 조사에 따르면 여전히 조사 대상국 가운데 학업 성취도 최상위권을 유지하고는 있지만 과거에 비해 읽기, 수학 등 영역에서 하락세를 보이는 것으로 나타나기도 했다. 지금이야말로 새로운 학습 모형을 탐색해야 하는 시기다.

100여 년 전 도입된 낡은 교육 모델을 현시점에 알맞게 혁신하기 위해서는 교육의 양적 확대를 넘어 교육의 질 개선에 초점을 맞출 필요가 있다. 여기서 우리는 '맞춤형 교육'에 주목해보고자 한다. 개별화교육이라고도 칭하는 맞춤형 교육의 핵심은 학생 개개인의 능력과 수요에 맞춰 적합한 학습 기회를 제공하는 데 있다. 이전까지는 높은 비용 때문에 공교육 현장에서는 도입이 어려웠고, 많은 재원을 투입할 수 있는 사립학교나 사교육을 통해서만 이루어져왔던 것이 사실이다. 그러나 4차 산업혁명은 교육에서도 '맞춤형 대량생산'이 가능한 시대를 열었다. 빅데이터, 인공지능 등 첨단 ICT 기술을 활용해 온라인 공간에서 개별 특성과 니즈에 맞는 맞춤형 학습 기회를 제공할 수 있게 되었기 때문이다.

그러나 아무리 그 수준이 뛰어나다 하더라도 기술만으로는 교육의 목표와 효과를 모두 달성하기 어렵다. 인공지능에 기반해 개인 최적화 형태의 학습 콘텐츠를 지원하되, 교사와의 밀접한 스킨십과 소통을 통한 학습을 병행하는, 온·오프라인의 적절한 균형을 이루는 혼합형 교육이 필요한 이유다.

'하이터치 하이테크High Touch High Tech'[3] 교육은 학습자들이 빅데이터, AI 기반의 개인 맞춤 학습 알고리즘을 이용해 암기와 이해 단계를 거치고(하이테크), 교사와는 실제 문제 해결을 통해 적용·분석·평가·창조 역량을 높이는(하이터치) 학습 모형이다.

---

[3] 미래학자 존 나이스비트(John Naisbitt)가 주창한 개념으로, 기술이 발전할수록(하이테크) 인간을 건강하고, 창의적이며, 열정적으로 유지시키는 '하이터치'와 조화를 이뤄야 한다는 주장이다.

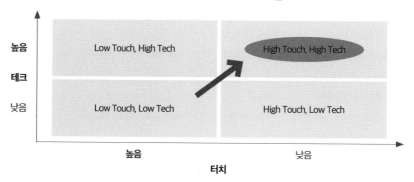

[도표 2-1] 하이터치 하이테크 개념도[4]

출처: 이주호 교수

　협업 능력과 창의성, 비판적 사고 능력, 커뮤니케이션 능력까지, 앞으로 미래 세대에게는 과거와는 다른 차원의 역량이 요구될 것이다. 여기에 디지털과 데이터 문해력**Digital & Data Literacy** 또한 갖춰야 한다. 이러한 역량을 익히기 위해서는 고차원적 사고 능력, 사회적 · 정서적 공감 능력을 갖춰야 하기에 단순한 지식 습득 이상의 교사와의 소통, 즉 '하이터치'가 더욱 필요하다. 그러나 현재의 학습 평가 시스템에서는 교사가 암기와 이해 부분에 치우칠 수밖에 없는 것이 현실이다. 이러한 상황에서 인공지능의 적응형 학습 기술을 활용하면 개개인의 진도와 행동에 따라 실시간으로 학습 경험을 제공하고, 교사가 강의에 투입할 시간과 역량을 더욱 능동적이고 전인적인 교육에 활용할 수 있을 것이다.

4　이주호 교수에 따르면 세계 상당수 국가는 'Low Touch Low Tech'에 위치해 있다. 코로나19로 인해 온라인 학습이 급증함에 따라 이들 국가 중 일부는 'Low Touch High Tech'를 향한 도전에 직면하게 될 것이다. 세계가 궁극적으로 'High Touch High Tech' 차원으로 나아가기 위해서는 지속 가능하고 체계적인 변화를 위한 노력이 필요하다.

2015년부터 미국 애리조나주립대에서는 인공지능을 활용한 맞춤 학습 **adaptive learning system**과 프로젝트형 학습**active learning**을 결합한 학습 방식을 도입, 6만 5,000명의 재학생을 대상으로 수학, 생물학, 물리학, 경제학 등 기초 과목 학습을 진행했다.

ASU는 미국의 대표적 교육 업체 맥그로힐**McGrawHill**사의 인공지능 기반의 온라인 학습 및 평가 프로그램 ALEKS**Assessment and Learning in Knowledge Spaces**를 개인별 맞춤 학습을 위한 시스템으로 도입했다. 학생들은 과목별로 각자 수준에 따라 난이도가 조절된 문제를 풀며 기본 원리, 개념에 해당하는 내용을 학습했다. 강의 중심의 역할에서 벗어난 교수는 학생끼리 프로젝트 팀을 구성해 일상생활에서 접할 수 있는 문제들을 온라인 시스템을 통해 배운 원리를 적용해 학습하도록 지도하는 역할을 맡았다.

그 결과는 놀라웠다. 고등학교 재학 당시 이른바 '수포자'였던 학생이 시스템 도입 이후 기초 수학 과목을 성공적으로 이수하는 비율이 28%p 향상된 것으로 나타났다. 생물학 과목도 이전 학기에 20%에 달하던 낙제율이 1.5%로 줄었고, C 학점 미만의 비율이 28%에서 6%로 감소한 것으로 나타났다. 미시경제학 과목도 도입 이후 첫 시험에서 C 학점 학생의 비율이 38%에서 11%로 감소했다.

한국은 하이터치 하이테크 교육을 도입하고 실행하기에 가장 적합한 환경을 갖춘 국가로 꼽힌다. 한국은 세계에서 5G 기술을 가장 먼저 상용화한 나라다. 인공지능과 빅데이터 기술도 선진국과 비교했을 때 크게 뒤떨어지지 않는 수준이다. 학생과 학부모, 교사의 교육열 역시 세계 어느 국가에도 뒤지지 않는다. 그러나 OECD 국제학생평가프로그램 평가에 따르면 우리나라의 학교 내 컴퓨터 활용 비율은 최하위권에 머물고 있다. 이는 네트워크, 디바이스 등 세계 최고 수준의 기술력과 교육 역량의 시너지 효과가 전혀 발생하지 못하고 있음을 시

사한다.

디지털 시대와 K-에듀의 미래

코로나19 위기와 그로 인해 촉발된 디지털 전환은 우리의 교육 패러다임 변화에 어떤 영향을 미칠까? 바이러스도 막지 못한 교육에 대한 열정을 다시금 확인했고, 온라인 개학이라는 귀한 경험도 얻었다. 이번 경험을 발판 삼아 앞서 제시한 하이터치 하이테크 교육 등 교육 혁신에 대한 기대감도 커지고 있다. 물론 청사진만 펼쳐지는 것은 아니다. 그 과정에서 면밀한 조사, 분석과 정책·제도적 접근이 필요한 부분이 상당하다.

가장 우려되는 부분은 '디지털 격차'다. 많은 이들이 경제적 불평등을 줄이고 인류가 건강한 삶의 방식으로 지속 가능한 발전을 이루어 나가는 데 교육이 중요한 역할을 할 수 있다는 데 공감한다. 그러나 역으로 자칫 경제적 불평등이 교육의 불평등으로 이어지고, 경제 격차를 더욱 넓힐 수 있다는 걱정도 앞선다. 실제로 교육 현장에서는 가정 환경에 따른 교육 불평등은 이전부터 존재했지만, 온라인 개학 이후 그 차이가 더 두드러지고 있다는 보고가 이어지고 있다. 정부 차원에서 소외 계층의 디지털 학습 격차를 해소하기 위해 인터넷 연결은 물론 디바이스, 플랫폼, 콘텐츠 구입에 충분한 재원을 투자해야 할 것이다. 인프라 구축에만 열을 올려서도 안 된다. 개인별 학습 환경을 살피고 학습 의지나 생활 습관을 잡아줄 인적 지원도 중요하다.

기술이 교육 혁신의 핵심 요소가 되는 만큼 가치 전도 현상에 대한 경계도 늦추지 말아야 한다. 또 인공지능 학습 단계에서 알고리즘의 편향 문제, 개인정보 보호 문제 등 윤리적 이슈에 대해서도 충분한 논의와 규범화가 필요하다.

그럼에도 세계는 K-방역에 이은 K-에듀의 역할을 한국에 기대하고 있다. 못할 것도 없다. 그동안은 전통적인 교육 방식에 치우쳐 있었지만 높은 교육열과 성취도, 세계 최고의 기술 수준까지, 재료는 다 갖춰졌다. 어떻게 요리할 것인지, 또 어떻게 함께 나누고 혁신할 것인지 고민해야 할 시점이다.

4
근대 도시의 역사와 현대 도시의 완성

이명호(여시재 기획위원)

도시의 위기와 변화

우리는 많은 공간에서 살아간다. 활동 공간은 집부터 마을, 도시, 국토까지 확대될 수 있지만, 사람들이 일상생활과 경제활동을 하는 주된 공간의 범위, 그리고 이를 관리하는 행정의 주요 단위는 도시라 할 수 있다. 도시는 생산 활동의 중심지, 상징(문화, 의식, 가치)의 중심지, 사회적 상호작용의 중심지, 혁신의 중심지로 기능을 해왔다. 앞으로도 이런 기능들이 크게 변하지는 않겠지만, 이런 기능을 수행하는 도시의 모습은 시대에 따라 변해왔다.

《비트의 도시》(1999) 저자인 윌리엄 미첼William Mitchell은 "우리는 건물을 만들고, 건물은 우리를 만든다"고 했던 윈스턴 처칠의 말을 빗대어 "우리는 네트워크를 만들고, 네트워크는 우리를 만든다"라고 했다. 네트워크, 컴퓨터와 인터넷은 우리를 만드는 동력이 되었고 또한 도시의 모습을 바꾸는 요인이었다. 디지털 시대에 어떤 도시를 만드느냐는 생산, 상징(문화, 의식, 가치), 사회적 상호작용, 혁신에 영향을 미친다. 코로나19는 디지털 시대로의 전환을 가속화함과 동시에 도시를 중심으로 한 우리의 삶과 일에 대한 성찰과 반성을 요구하고 있다.

근대 도시는 산업혁명의 결과다. 산업화는 도시화였으며, 교통과 통신의 발달은 도시의 규모를 더 확대시켰다. 1700년경에만 해도 도시 거주자는 전 세계 인구의 3%에 불과했지만, 이제는 산업화된 국가의 80~90%가 도시에 거주하는 시대가 되었다.

그러나 산업혁명, 제조업과 함께 성장하던 도시는 현대에 들어 위기에 처한다. 세계의 대장간으로 불리던 철강 도시 피츠버그는 1970년대와 1980년대 미국 철강 산업의 퇴조기를 거치면서 공장들이 문을 닫고 실업률이 치솟으며 유령도시로 전락했다. 세계 자동차 산업을 석권하던 자동차 도시 디트로이트는 GM, 포드 등 자동차 기업들이 떠나면서 인구가 3분의 1인 70만 명으로 줄어들고 파산을 선언했다. 피츠버그, 디트로이트 외에도 중공업과 제조업에서 중요한 역할을 담당하던 필라델피아, 볼티모어, 멤피스 등 미국 중서부 지역과 북동부 지역의 일부 지역이 러스트 벨트Rust Belt(미국 제조업의 중심지였으나 제조업의 사양화 등으로 불황을 맞은 미국 북부와 중서부 지역을 가리킴)로 전락했다. 공장들이 개발도상국으로 이전하면서 러스트 벨트 지역은 고용이 대폭 축소되고, 수많은 실업자가 양산되면서 도시 경제도 침체하는 악순환이 지속되고 있다. 특히 단일 업종, 대규모 공장 중심으로 성장한 산업도시가 더 큰 타격을 받았다.

미국만이 아니고 산업혁명의 발상지인 영국의 멘체스터와 리버풀을 비롯하여 우리에게 많이 알려진 스웨덴의 말뫼, 스페인의 빌바오 등 산업도시들이 침체를 겪고 몰락했다(말뫼와 빌바오는 우리나라 조선업과 중공업에 밀려 쇠락의 길을 걸었다). 일본(1960년대)과 우리나라(1970년대), 뒤이어 중국(1980년대) 등에서 중화학공업을 육성하고 선진국들의 공장을 유치한 것이 이들 선진국 산업도시의 몰락을 앞당겼다. 지금은 우리나라의 대표적인 중화학 공업도시인 울산, 거제, 군산이 위기에 처해 있다.

제조업으로 번성하던 많은 산업도시가 어려움에 처해 있지만, 일부 도시는 변신에 성공하여 다시 회생하고 있다. 맨체스터의 버려진 공장 터는 디지털미디어 산업 클러스터로 재탄생했고, 빌바오는 구겐하임 미술관을 유치하며 문화도시로 탈바꿈하고 있다. 많은 산업도시가 공장과 기계장치 등의 산업 유산을 문화산업의 핵심 콘텐츠로 변신시켰다. 피츠버그는 철강업 대신 의료, 생명공학, 교육, 로봇공학, 금융 서비스 등 지식산업 중심지로 탈바꿈하면서 글로벌 기업들이 피츠버그로 본사를 이전하고 있다. 산업폐기물이 넘쳐나던 피츠버그는 세계에서 가장 깨끗한 도시, 미국에서 가장 살기 좋은 도시로 꼽히게 되었다. 1900년대 초반까지 보스턴은 미국에서 제조업 중심지의 하나로 의류 및 가죽 제품의 생산지였지만, 지금은 금융과 관광, 특히 바이오산업의 중심지가 되었다.

제조업이 몰락하면서 쇠퇴 일로를 걷던 도시들이 변신에 성공하여 지속적으로 성장하고 있는 요인은 문화와 지식경제 도시로의 전환에서 찾을 수 있다. 특히 이를 주도한 대학과 연구기관, 창의적인 인재들의 역할이 컸다. 단일 산업, 단일 대기업이 도시 경제의 대부분을 장악하던 도시들, 연구 역량을 갖춘 대학이 없던 도시들, 창의적인 인재들을 끌어들일 문화가 없는 도시들은 새로운 산업, 특히 지식산업으로 전환하는 데 어려움을 겪고 있다. GM과 포드 등 몇몇 대기업의 자동차 산업이 도시 경제를 이끌던 디트로이트가 대표적이다. 이와 달리, 실리콘밸리와 보스턴은 대형 기업의 비중이 낮고 다양한 기업들이 등장하면서 산업의 지속적인 변화에 성공하고 있다.

산업 전환에 성공한 도시들은 기존 산업과 관련된 핵심 기술을 시대적 변화, 새롭게 부각되는 산업에 맞게 전환하거나, 주력 산업의 현대화 혹은 고도화·다각화, 핵심 품목의 전환과 같은 산업 전이에 성공하고 있다. 이와 같은 성공 경험을 바탕으로 EU는 각국에 스마트 전문화Smart Specialization 전략을 제안하고 있다. 국제적 관점과 지역 여건을 고려해서 지역 내 혁신 지원을 기반으로 지역별 전문화 영역의 혁신 기반을 구조적으로 변화시킨다는 전략이다. 또한 단일 산업 클러스터보다는 복합산업 클러스터를 조성하도록 권장하고 있다.

도심지 vs 교외

미국 샌타페이연구소 제프리 웨스트Geoffrey West 박사는 도시의 인구가 늘어날수록 혁신 역량도 함께 증가한다고 했다. 그는 도시 크기가 2배로 커지면 GDP, 임금, 혁신 등이 2배보다 15퍼센트 더 증가하는 '15퍼센트 규칙'을 따른다고 주장했다. 체계적인 규모의 경제가 작동하여 도시가 2배로 늘 때마다 도시에 필요한 도로, 주유소 등은 약 85퍼센트만 더 늘어나, 도시에 필요한 시설이 약 15퍼센트가 체계적으로 절약된다. 따라서 도시가 더 클수록 혁신적인 '사회적 자본'이 더 많이 창출되고, 그 결과 평균적인 시민은 상품이든 자원이든 아이디어든 더 많이 지니고 생산하고 소비하게 된다. 인구밀도가 높아지면 사람들 간 상호작용이 증가하여 더 창조적이고 혁신적인 이벤트가 발생할 수 있다는 것이다.

그러나 긍정적인 지표들과 거의 동일한 수준으로, 도시가 커짐에 따라 인간의 사회적 행동이 보이는 부정적 지표들도 체계적으로 증가한다. 도시 크기가 2배가 되면 범죄, 오염, 질병 등도 그만큼 증가한다. 도시가 어느 정도 규모가 되었을 때 이러한 긍정적인 면과 부정적인 면이 상쇄trade off되고도 긍정적인 면이 더 커지는지를 명확히 파악하기는 힘들지만, 적절한 도시 규모를 찾는 노력이 필요하다는 점은 분명하다.

도시 성장에 중요한 역할을 한 곳은 도심지downtown다. 19세기 말 도심지는 사람들이 일을 하고 쇼핑을 하러 가는 곳, 상업 지구를 지칭하는 용어로 사용되었다. 도심지는 도시와 인근 지방을 이끄는 경제 엔진이었다. 매일 많은 노동자와 비즈니스맨, 고객, 쇼핑객이 모여들었다. 도심지가 점점 혼잡해지면서 교외 지역에 집을 마련하는 것이 도시민의 꿈이 되었다. 미국에서는 1960년대부터 중산층이 혼잡한 중심을 벗어나 조용한 도시의 외곽으로 이동하기 시작했다.

일반적으로 도시의 땅값은 도심과의 거리에 반비례한다. 대기업 본사는 도심이나 도심 주위의 가장 비싼 토지를 차지하고, 공장과 창고는 그다음 공간에 위치한다. 가난한 노동계층의 주택은 그다음이다. 노동계층은 산업지역, 상업지역 주변의 혼잡하고 시끄럽고 더러운 구역에 살았다. 더 부유한 중산층이나 상류층은 이 모든 것을 피해 도심에서 훨씬 멀리 떨어진 교외 지역에 새롭게 조성된 주거지에 살았다.

도시가 확산되는 스프롤sprawl 현상은 중산층의 상징이 된 자동차 문화의 부산물이기도 했다. 자동차로 출퇴근하는 교외 거주지는 부르주아들에게 약속의 땅으로 변모했다. 교외 거주지 중심으로 커진 신흥 위성도시는 새로운 경제 엔진이 되었다. 고속도로 교차로와 쇼핑 단지, 복합 상업지구가 한데 묶인 신흥 위성도시는 교외와 중심 도시의 특징들이 결합된 새로운 형태의 도시로 등장했다. 기존 도심지가 대중교통을 이용하거나 걸어 다닐 수 있도록 되어 있는 것에 비하여 준교외 지역인 위성도시에 거주하는 사람들은 운전을 해야 이웃을 만나고, 상점과 레스토랑에 갈 수 있었다.

산업화가 완성되고 정보화가 시작된 2000년대 들면서 도시에 새로운 현상이 나타나고 있다. 부유한 사람들이 다시 도심으로 돌아오고 있다. 미국의 경우 1980년대에는 대부분 도심 지역에 가난한 사람들이 살았다. 그러나 2000년대에 들어서면서 도심을 떠났던 고학력자와 전문직, 사무직 노동자를 포함한 부자들이 다시 도심으로 유입됐다.

세계적인 경제학자이자 《도시는 왜 불평등한가》의 저자인 리처드 플로리다Richard Florida는 도심에 거주하던 가난한 사람들이 밀려나고 부유한 사람들에 의하여 도심이 재개발되는 이와 같은 젠트리피케이션 현상을 다음과 같이 분석했다. 지식, 전문성, 첨단기술, 창조성이 요구되는 고임금 일자리가 도심에 집중되어 있고, 긴 통근 시간을 줄이기 위해 직장 근처에 살려는 경향이 증가하고 있다. 고임금 종사자들은 도서관, 박물관, 레스토랑, 카페 등 도시가 제공하는 쾌적한 편의 시설에 대한 접근성을 중시한다. 이처럼 통근 시간을 줄이는 동시에 고임금의 직장 주변에 살면서 걷거나 대중교통을 이용하여 도심이 제공하는 다양한 편의 시설을 누릴 수 있는 장점이 있기에 부유한 사람들이 도심으로 돌아오고 있다는 것이다.

도심의 경쟁력이 다시 커지는 경향은 벤처 투자 통계에서도 나타나고 있다. 미국에서 벤처 투자는 인구밀도가 높고 '걸어 다니기 좋은 walkable neighborhood' 도시에 집중되고 있다. 미국 전역에서 벤처 자본을 투자받은 구역에서 도보, 자전거 또는 대중교통을 이용해 직장으로 출근하는 노동자의 비율은 전국 평균의 약 두 배였다.

하드웨어 제조업 중심의 산업경제 시대에는 창업을 하려면 도심보다는 교외에서 값싸게 대규모 시설 부지를 마련해야 했으나, 지식경제 시대에 소프트웨어, 콘텐츠 분야의 창업을 하려는 이들은 다양성과 창의적인 에너지, 다양한 문화, 활기찬 거리, 새로운 사고에 대한 개방성을 제공하는 도심에서 시작하고 있다. 디지털, 소셜미디어, 게임, 창의적인 애플리케이션을 만드는 스타트업들은 도시에 몰려 있는 디자이너, 작곡가, 시나리오 작가, 음악가, 마케터, 카피라이터 분야의 인재들을 쉽게 활용할 수 있다. 도심은 이러한 지식기업들을 위한 장소일 뿐만 아니라, 스타트업이 해결하려는 문제가 존재하는 장소이며, 혁신을 위한 플랫폼이 되고 있다.

지식경제 시대에 들어서, 장거리 출퇴근을 해야 하는 확장된 도시가 아니라 걸어 다니거나 대중교통을 이용하여 다양한 문화시설을 이용하고, 다양한 분야의 사람들과 밀접하게 교류할 수 있는 도시가 더 경쟁력 있는 곳으로 변하고 있다. 걸어 다닐 수 있다는 것은 사람들과의 우연한 만남, 다른 분야 사람들과의 상호작용의 밀접도와 강도가 증가한다는 것을 의미한다. 또한 사람들의 직접 접촉은 더 많은 신뢰와 관용 및 협력으로 이어진다. 결국 도시의 경쟁력과 혁신의 원천이 다양한 사람들의 상호작용이라는 것을 다시 확인시켜준다.

그러나 다양성만이 도시의 성공 조건은 아니다. 다양성이 새로운 아이디어를 탐색할 수 있는 폭을 넓혀준다면, 그 아이디어를 수렴하고 활용하는 과정에서는 특화와 집중화가 필요하다. 예를 들어, 특정 산업과 관련된 기업들의 지리적 근접성과 공통의 인프라(공유재)는 성과물을 만들어내는 협력성을 높여주고 비용은 낮춰준다.

인재를 배출하는 학교 시스템과 연구 대학, 인재를 채용하고 연구 성과를 활용하는 기업, 개방적이고 관용적이어서 다양한 인재를 끌어모으는 문화를 갖춘 도시는 경제학자 리처드 볼드윈**Richard Baldwin**이 지적했듯이 21세기 '공장', 혁신의 엔진이 되고 있다. 지식경제 시대에는 대규모 제조업이 아니라 창의적인 스타트업과 인재들이 모이는 도시 공간 그 자체가 성장과 혁신의 엔진이 되고 있다. 20세기에는 규모의 경제, 공장의 집적이 경쟁력이었으나, 21세기에는 인재와 연구, 기업의 협력이 경쟁력의 원천이 되고 있다.

하버드대학 경제학과 교수인 에드워드 글레이저**Edward Glaeser**는 교육, 기술, 아이디어, 인재, 기업가 정신과 같은 인적 자본을 끌어들이고 이들이 협업하게 하는 힘이야말로 도시와 국가의 번영은 물론, 인간의 행복에 중대한 영향을 미친다고 했다. 도시는 맛과 멋에 탐닉하는 인간의 놀이터이자 아이디어와 자본이 순환하는 창의적 공간으로 변모해야 한다고 주장했다.

그러나 도심의 좋은 비즈니스 환경과 편리하게 이용할 수 있는 문화시설은 도심의 땅값을 높임으로써 젊은 인재들이 도심에 거주하는 것을 어렵게 한다. 도심이 부자들의 전용 공간이 되고, 자산 양극화와 소득 불평등이 심화되면 도시의 성장과 혁신도 정체한다. 새로운 아이디어를 가진 젊은 인재와 스타트업을 도시로 끌어들이려면 집값과 임대료가 낮아야 한다. 도시가 성장하려면 젊은 인재, 스타트업을 위해 도심 지역에 가격이 싼 임대주택을 많이 제공해야 한다. 사회통합적인 도시는 혁신과 부의 창출을 촉진하면서도 좋은 일자리를 만들어 생활 수준을 개선하고 모든 사람에게 더 나은 생활을 향유하도록 해준다.

코로나19가 당장 도시의 모습을 변화시킬 수는 없다. 하지만 고층 빌딩 사무실에 인력을 끌어모아 일하던 시대는 이제 저물 것이다. 꽤 많은 시간이 걸릴 수도 있지만 방향이 집중이 아닌 분산인 것은 확실하다. 우리가 생활하는 오피스職와 도시住에 대한 성찰을 거쳐 새로운 직주 문화가 형성될 것이다. 300년 전 런던에서 시작된 오피스가 300년이 흐른 지금 대전환의 시기를 맞이하고 있다.

5
로컬의 재발견

모종린(연세대학교 국제학대학원 교수)

생활권 중심의 도시 재구성

코로나19 위기 속에서 우리는 집, 일상, 거리, 동네를 새롭게 발견했다. 그중 한국 사회의 미래에 가장 중요한 변화는 '동네의 재발견'이다. 동네에 대한 관심은 방역 단계에서 시작됐다. 전국 상황보다는 우리가 사는 지역 상황이 궁금해진 사람들이 구청 홈페이지와 지역 맘 카페를 찾았다. 지역 방역의 중요성은 중앙정부와 광역시가 아닌 기초단체에서 보내는 휴대폰 재난 문자에서도 실감할 수 있었다.

사회적 거리 두기는 더욱 의미 있는 변화를 가져왔다. 원거리 이동과 대형 실내 공간 방문이 어려워지면서 우리의 실질적인 생활권이 동네로 좁혀졌고, 동네 가게, 거리, 상권이 우리의 관심사가 됐다. 실제로 코로나가 기승을 부리던 2020년 4월 오프라인 소비는 전반적으로 줄었지만 집 주변에서 소비하는 홈 어라운드Home-around 지출은 오히려 증가했다. 여행을 떠나도 넓은 지역을 다니기보다는 한곳에 머물며 그 동네의 문화를 현지인처럼 즐기는 여행자가 늘고 있는 것이다.

과연 로컬이 우리 생활의 중심이 될까? 코로나19 위기가 발생하기 전에는 로컬에 두 가지 의미가 있었다. 첫 번째 의미가 '현지 맛집'이다. 로컬은 여행자가 현지 맛집을 찾을 때 사용하는 단어다.

두 번째 의미가 '대안 공간'이다. 지역과 골목에서 개성 있는 가게와 공간을 운영하는 사업자와 이곳을 찾는 소비자가 자신이 활동하는 지역을 로컬이라 부르기 시작했다. 그들에게 로컬은 '기성세대 문화로부터 자유로운 독립적인 대안 공간'을 의미한다. 이제 로컬은 생활권을 뜻하는 중요한 의미를 지니게 된 것이다.

포스트 코로나 사회에서 우리가 생활권 중심으로 도시를 재구성한다면, 현실적으로 고민해야 하는 문제가 생활권 경제다. 동네가 진정한 의미의 생활권이 되기 위해서는 주민을 위한 충분한 일자리가 있어야 한다. 생활권 경제를 구축하기 위한 정책은 산업사회의 경제정책과는 달라야 한다. 모든 지역이 국가 산업을 유치하기 위해 경쟁하는 것이 산업사회의 모델이었다면, 각 지역이 고유의 지역 산업을 개발해 지역에서 선순환하는 생활권 경제를 구축하는 것이 포스트 코로나 경제의 숙제다. 포스트 코로나 시대에도 국가와 글로벌 산업은 존재한다. 과거와의 차이는 의존도다. 과거와 달리 지역의 지역 산업 의존도가 높아지는 것이다.

모던 도시 vs 포스트모던 도시

생활권 도시는 새로운 개념이 아니다. 인구 감소를 겪는 산업도시가 흔히 상업과 주거 시설을 도심에 집중시켜 도시 환경과 고령 인구 복지를 개선하는 생활권 도시 사업을 추진한다. 글로벌 대도시도 생활권 활성화를 통해 주민 삶의 질을 높이려 한다. 최근 도시 어느 곳에서 살아도 도보나 자전거로 15분이면 갈 수 있는 거리 안에 생활 인프라를 구축하는 계획을 발표한 파리가 대표적 사례다. 그렇다면 한국은 포스트 코로나 시대에 생활권 도시를 어떻게 건설해야 할까?

그 실마리는 2000년대 이후 한국에서 진행되고 있는 두 도시 모델의 경쟁에서 찾아야 한다. 보편적인 모델은 기업과 오피스 중심, 자동차 중심, 재개발로 특징 지을 수 있는 모던 도시다. 한국에서 모던 도시와 경쟁하는 도시는 포스트모던 도시다. 포스트모던 도시의 키워드는 사람과 보행자 중심, 도시 재생이다. 이 두 도시 모델 중 어느 쪽을 선택해 포스트 코로나 시대가 요구하는 생활권 도시를 더 체계적이고 효과적으로 건설할지가 한국 도시의 미래, 개별 도시들의 운명을 결정할 것이다.

두 도시 모델 사이의 선택은 기본적으로 라이프스타일의 문제다. 한국은 현재 신도시를 선호하는 세력과 원도심을 선호하는 세력으로 양분되어 있다. 한국적 맥락에서는 신도시가 모던 도시에, 원도심은 포스트모던 도시에 가깝다. 2010년대 이후 정부가 도시 재생을 적극적으로 추진하면서 한 도시, 한 동네 안에서 신도시와 원도심 세력이 충돌하고 있다. 재건축조합이 신도시 세력을 대표한다면, 재건축을 반대하는 골목상권 건물주와 상인이 원도심 세력을 대표한다. 문제는 정부가 주민에게 한 번도 어떤 도시를 원하는지 묻지 않는 데 있다. 가장 기초적인 사항을 토론하지 않고 한 지역 안에서 신도시와 원도심 사업을 동시에 추진하면서 불필요한 혼란이 많이 발생한다.

논의의 편의를 위해 모던 도시를 A, 포스트모던 도시를 B로 지칭하자. A는 큰 건물과 큰 기업들이 모여 있는 도시이고, B는 상대적으로 작은 건물과 작은 사업체들이 모여 있는 도시라고 할 수 있다. 조금 단순화하면 A는 여의도와 강남, B는 홍대나 이태원과 비슷하다. 도시계획 차원에서 보면 A는 도시 재개발에, B는 도시 재생 쪽에 가깝다. A는 첨단 도시 인프라가 중요하고 대형 건물, 대형 단지, 대기업이 많이 있고, 비즈니스 중심적인 도시다. 이 도시는 스마트 도시나 이데아 도시로 발전해간다. B는 걷고 싶은 거리가 많고 개성 있는 마을들이 아기자기 모여 있으며, 새 건물도 있지만 작고 오래된 건물도 많은 도시다. 여기에는 작은 가게들, 소상공인, 도시에서 창의적인 일을 하는 크리에이터들이 모여 있다. 이 도시는 리처드 플로리다**Richard Florida**[1]가 말하는 '창조 도시'에 가깝고 라이프스타일을 중시하는 사람들이 사는 도시이므로 '라이프스타일 도시'라고 할 수 있다.

전국 곳곳에서 우후죽순 늘어나는 신도시를 보면 한국 도시의 미래가 A에 있다고 생각할 수밖에 없다. 하지만 최근 트렌드를 보면 미래가 그리 단순하지 않다. 특히, 밀레니얼 세대(1980년대 초반~2000년대 초반 출생한 세대) 사이에서는 오히려 B가 대세다. B가 그들의 로컬 지

---

[1] '창조계급(creative class)'이라는 용어를 창조해낸 경제학자이자 트렌드 분석가, 저술가, 연설가. 유서 있는 월간지 <디 애틀랜틱(The Atlantic)>의 시니어 에디터이자, 미디어 웹사이트인 '시티랩(CityLab)' 공동 창업자다. 《후즈 유어 시티(Who's Your City?)》 등 그가 책을 쓸 때마다 지식 세계의 흐름을 주도한다는 평을 듣는다.

향에 들어맞기 때문이다.

로컬 지향은 현재 다양한 형태로 분출되고 있는데, 가장 큰 변화를 겪고 있는 곳은 골목길이다. 골목길, 골목상권은 2000년대 이후 부상했고 현재 오프라인 상권을 주도하고 있다. 밀레니얼 세대가 강북의 골목길에 모이자, 언론에서도 '밀레니얼 세대는 왜 골목길에서 놀까?'라는 질문을 하기 시작했다.

골목길 현상은 라이프스타일 변화의 일부분이다. 라이프스타일은 신분, 생존, 경쟁, 성실을 강조하는 물질주의에서 개성, 다양성, 삶의 질, 사회적 책임을 중시하는 탈물질주의로 진화하고 있다. 탈물질주의 성향의 사람은 역사와 문화, 그리고 도시의 라이프스타일이 압축되어 있는 B를 선호할 가능성이 높다.

로컬을 지향하는 시대

밀레니얼 세대의 로컬 지향도 주목받고 있다. 마쓰나가 게이코松永桂子[2]가 《로컬 지향의 시대》에서 지적하듯이, 밀레니얼 세대는 장소 중심으로 살고 일하며 즐긴다. 스타벅스가 있는 동네에서 살고 싶어 하는 현상을 표현하는 '스세권', 사람이 모이는 장소라는 의미의 '핫 플레이스', 슬리퍼를 신고 편하게 다녀올 수 있는 집 근처 상권을 말하는 '슬세권' 같은 표현이 로컬 지향 현상의 단면을 보여준다.

2　일본 오사카시립대 교수. 《로컬 지향의 시대》(2017)의 저자로 알려져 있다. 일본뿐 아니라 전 세계 중소도시를 돌아다니며 작지만 강하게 성장하는 로컬의 전략을 담았다. 전문 분야는 지역산업론이다.

골목이 상권으로서 중요하기에 유통과 건설 분야 대기업도 골목상권에 진출한다. 골목길의 가치를 재발견한 것이다. 따라서 골목에서 활동하는 독립 상점이 골목에 새롭게 진입하는 대기업에 어떻게 대응해야 하고, 정부가 이들을 어떻게 도와줘야 하는지가 중요한 이슈가 된다.

골목상권 부상, 라이프스타일 변화, 로컬 지향, 대기업의 골목상권 진출 등 이 네 가지 현상을 봤을 때 미래 세대는 A보다는 B를 선호할 확률이 높다. A가 우월한 것으로 여겨지는 경제 분야에서도 오히려 B가 더 많은 기회를 창출할 수 있다. B의 골목상권이 미래 산업의 기반이기 때문이다. 미래 성장을 견인하는 문화산업, 창조산업은 교외의 공단이 아닌 다운타운 지역에서 성장하는 산업이다. B가 더 많아야 더 많은 미래 산업을 육성할 수 있다.

골목상권을 새로운 성장 동력으로

골목산업 자체도 급격히 문화산업화, 창조산업화되고 있다. 갤러리, 사진관, 공예, 공방, 편집숍(한 매장에 둘 이상의 브랜드 제품을 모아 판매하는 유통 매장 형태로 멀티숍 또는 셀렉트숍이라고도 함), 건축 및 디자인 사무소 등 문화적 가치가 높은 업종의 가게로 구성된 골목산업이 코워킹 스페이스co-working space(다양한 분야에서 독립적인 작업을 하는 사람들이 모여 서로 아이디어를 공유하며 의견을 나누는 협업 공간 또는 커뮤니티), 복합문화공간, 소셜벤처, 문화기획사, 도시 재생 스타트업 등 창조산업으로 확장되고 있다. 골목산업, 문화산업, 창조산업이 모여 있는 골목상권이 우리나라의 새로운 성장 동력이 될 수 있다.

홍대가 대표적인 골목상권 기반 도시산업 생태계이고 성수동에서도 유사한 생태계가 형성되고 있다. 우리는 그동안 창조산업, 문화산업, 골목산업을 따로따로 육성했다. 그러나 앞으로는 골목산업을 중심에 두고 여기에 문화산업, 창조산업을 업혀야 한다. 골목상권을 크게 늘리기 위해 가장 필요한 자원이 골목 장인이다. 필자는《골목길 자본론》(2017)에서 전국의 골목상권에 투입할 장인 상인을 늘리기 위한 방안으로 장인 대학, 장인 기획사 육성을 제안한 바 있다.

B 도시 기반 생활권 도시를 건설하는 과정에서는 도시 규모에 따라 다른 접근법이 필요하다. 대도시에서는 다수의 B 도시를 연결하는 구조, 중소도시에서는 하나의 B 도시에 집중하는 구조가 불가피하다. 대도시에서는 분권화, 중소도시에서는 집중화가 필요한 것이다.

B 도시를 성공시키려면 '더 걷고 싶은 도시'로 만들어야 한다. 걷고 싶은 도시는 단순히 길이 좋은 도시가 아니다. 즐길 거리, 볼거리가 많은 도시다. 볼거리가 많고 개성 있는 문화가 있는, 이런 도시가 B 도시다. 이를 더 발전시키면 일, 주거, 놀이를 한곳에서 해결할 수 있는 콤팩트 도시가 된다.

B 도시와 기술의 접목도 중요하다. 친환경 기술, 보행자 기술, 지역혁신 기술, 소상공인 기술이 B 도시에 필요한 4차 산업혁명 기술이다. 이미 B 도시에서 골목상권을 성장시키고 있는 로컬 크리에이터들이 디지털 소셜 플랫폼(온라인 쇼핑몰, 크라우드펀딩)을 적극적으로 활용하고 있다. 네이버의 위치 기반 서비스와 '우리동네' 페이지, 당근마켓의 지역 중고거래 서비스, 군산의 지역 배달 서비스 등이 생활권 도시를

활성화하는 데 필요한 지역 기반 기술과 서비스다.

한국은 세계적으로 확산되고 있는 라이프스타일 변화에서 새로운 길을 찾아야 한다. 코로나 위기 전에도 다양성과 삶의 질을 제공하는 생활권 도시가 메가 트렌드였다. 코로나 사태가 이미 진행된 트렌드를 더 가속화시킨 것이다. 매력적인 생활권 도시로 국내 인재를 잡고 해외 인재를 유치해야 한국이 포스트 코로나 시대를 선도할 수 있다.

6

강원혁신센터에서 로컬 발전의 실마리를 찾다[1]

한종호(강원창조경제혁신센터장) · 송보희(여시재 솔루션 디자이너)

나는 6년째 강원도에서 창조경제혁신센터장을 맡아 일하고 있다. 네이버에서 일하다 이 일을 맡아보라고 했을 때 무슨 미션이나 생각을 가지고 시작한 게 아니다. 하다 보니 어딘가에 와 있더라. 로컬 스타트업들이 주도해서 지역 리브랜딩을 하는 것이 먹히는 산업전략이 될 수 있다는 결론에 이르게 됐다. 그 얘기를 하려 한다.

창조경제혁신센터는 박근혜 정부 때 만들어져 문재인 정부 들어 존폐론에 시달렸다. 이유는 짐작할 수 있을 것이다. 그때 이낙연 총리 지명자가 청문회를 앞두고 "무슨 소리냐, 창조센터가 지역에서 어떻게 작동하는지 아는가?"라며 제동을 걸었다. 전남지사를 하면서 현장에서

1　여시재는 2020년 6월 12일 한종호 강원창조경제혁신센터장을 초청해 로컬의 생태계 구축을 주제로 세미나를 진행했다. 이날 세미나에서는 밀레니얼 세대의 도시 생활 실험에 대한 경험을 토대로 로컬 크리에이터 생태계 확장에 대한 한계와 과제 등을 논의했다. 이 글은 이날 세미나의 주요 내용을 구술 방식으로 정리한 것이다.

느꼈기 때문일 것이다. 전남센터는 GS 그룹과 협력 관계를 맺고 있는데, GS는 우리나라에서 보기 드물게 진정성 있는 기업 문화를 가지고 있다. 공무원들이 해서는 이룰 수 없는 것들을 GS 덕분에 이루었다고 들었다. 그리고 문재인 대통령이 직접 "아무리 지난 정부 것이라도 좋은 것은 살리는 좋은 선례를 만들자"며 창조센터를 예로 들었다. 이후 창조센터의 위상과 역할이 더 커졌다. 박 정부 때만 해도 스타트업 인큐베이터에 치중했다면 지금은 투자가 함께 이루어지는 지역 거점으로 자리 잡아가고 있다. '창조경제'라는 슬로건은 모두 사라졌지만 유일하게 '창조경제혁신센터'가 남았다.

창조경제는 사실 박근혜 정부의 창안물이 아니다. 1990년대 후반 영국 블레어 정부 때 '자본주의의 경향적 이윤 저하'라는 상황에서 토지, 노동, 자본이라는 기존의 생산 3요소에 제4의 요소, 크리에이티브 테크놀로지를 결합시키자는 생각이 자리 잡았다. 이후 2004년경 유엔이 저개발국 개발 전략으로 공식 채택했다. 노무현 정권 때의 혁신도시 등이 그 영향을 받은 것이라고 할 수 있다.

2015년 강원도로 가기 위해 검색창에 '강원'을 쳐보니 다소 과장하자면 가볼 만한 곳, 먹을 만한 것뿐이었다. 강원도 면적은 전국의 6분의 1이다. 제주도 면적의 18배에 달한다. 홍천의 면적이 제주도와 비슷하다. 그러나 산지가 82%이고 인구는 156만 명밖에 안된다. 스타트업 지표도 모두 바닥이다. 우리나라 벤처 캐피탈이 300개에 달하지만 강원도에는 하나도 없다. 중소벤처기업부에 등록된 엔젤 클럽 300개 중에서도 강원도에는 2개인가밖에 없다.

그런데 춘천에 가서 보니 로컬을 기반으로 뭔가를 하고 있는 사람들이 꽤 있더라. 2015년에 연세대 모종린 교수가 공장과 기업 중심 도시가 아닌 로컬의 라이프스타일 중심 도시, 골목상권 도시를 말하면서 주목을 받게 되는데 강원도에도 영향이 있었다. 이번에 코로나19로 대도시, 기업 중심 도시에 대한 반성이 일어나고 있는 것 같다.

〈뉴욕타임스〉가 2017년에 '꼭 가봐야 할 세계 여행지 52곳'에 부산 전포동 카페 거리를 포함시킨 바 있다. 그곳에 사는 친구에게 전화로 물어보니 그도 몰랐다. 그냥 공구 상가라고 하더라. 그런데도 〈뉴욕타임스〉가 주목했다. 결국 사람들이 모르는 사이에 도시의 가치가 이미 명승지 중심이 아니라 콘텐츠, 밀레니얼 세대에게 공감을 불러일으키는 콘텐츠 중심으로 이동하기 시작했다는 얘기다.

일본 얘기를 하고 싶다. 일본은 2011년 동일본 대지진으로 엄청난 충격을 겪었다. 중앙정부가 해주는 것이 뭐 있느냐라는 인식이 생겼다. 여기에 2014년 〈마쓰다 보고서〉라는 것이 나왔다. 도시의 50%가 소멸 위험에 처해 있다는 내용이다. 그렇다면 무엇을 할 것인가? 그 경험을 담은 책 세 권만 소개하겠다. 지역에 뛰어들어, 또는 지역민들이 중심이 되어서 지역을 살리고 도쿄보다 더 살 만한 도시를 만들어가는 사람들에 관한 얘기다. 이런 책들이 번역되어 쏟아져 나오고 있다.

1.《우리는 섬에서 미래를 보았다》

도쿄에서 도요타자동차를 다니던 아베, 웹디자이너로 일하던 노부오카, 두 20대 청년이 서부 일본의 인구 2,300명에 불과한 섬 '아마'에 들어가 생존하고 살아가는 이야기다. '섬 학교'라는 벤처를 만들어 도

《우리는 섬에서 미래를 보았다》　　　《이토록 멋진 마을》　　　《로컬 지향의 시대》
(남해의봄날, 2015)　　　　　　(황소자리, 2016)　　　　　(알에이치코리아, 2017)

시민들을 대상으로 연수도 진행했다. 이 학교는 행정고시 합격자, 대기업 신입사원들의 필수 코스가 돼 지금은 1년 전에 예약을 해야 들어갈 수 있다. 그들은 말한다. "섬에는 평론가가 필요 없다, 실천가가 필요하다." 그들은 도쿄라는 대도시가 50년 후 맞이할 미래를 지금 찾아가고 있다.

2. 《이토록 멋진 마을》

일본에서 10년 이상 '가장 살기 좋은 곳'으로 꼽히는 지역이 있다. 인구 79만 명의 작은 지자체 후쿠이현이다. 소득도 도쿄보다 높고, 학생들의 수학 성적은 도쿄보다 10점 이상 높다. 어떻게 이런 일이 가능했을까? 〈슈칸분슌週刊文春〉 기자 출신의 〈포브스 재팬〉 부편집장이 3년간 취재해 책을 썼다. 결론은 '위기를 먼저 느낀 지역일수록 발전을 먼저 시작할 수 있고 그 시작이 기회로 이어진다'는 것이다.

3. 《로컬 지향의 시대》

오사카 시립대학 지역 활성화 프로젝트의 결과로 얻은 통찰을 담았다. 이런 일본의 사례는 지역이 소멸의 위험에 봉착한 곳이 아니라 새로운 가능성이 잠재되어 있는 곳, 앞으로 미래를 가늠하고 해법을 실험할 수 있는 장소라는 것을 보여준다. 그리고 더는 미루지 말고 로컬의 가능성을 찾아 당장 실천하라는 메시지를 담고 있다.

강원은 산업화 시대의 꼴찌였다. 그러나 그 산업화 시대의 패러다임에 큰 변화가 오고 있고, 거기에 로컬의 실마리가 있다. 사람들은 왜 성수동과 익선동을 찾는가? 밀레니얼 세대의 탈물질주의, 개인주의, 취향 기반의 라이프스타일, 이런 것들이 이유일 것이다. 한마디로 하면 '나답게 살래'이거다. 취향 소비는 일시적 유행이 아니다. 밀레니얼 세대가 정체성을 찾아나가고 드러내는 것이다. 취향이 울리고 공명하는 공간, 그런 곳에 사람들이 모이는 것이다.

그럼 지역에서는 왜 이런 곳에 투자를 하지 않는가? 안된 얘기지만 공무원들은 그런 곳에 관심을 가질 수 없다. 그들이 못나서가 아니라 시스템이 그렇다. 단년도 회계 시스템 때문에 12월까지는 성과를 내야 한다. 성과를 못 내면 다음 해 예산을 따낼 수 없다. 그러니 당장 성과 나는 사업 위주로, 소프트웨어보다 하드웨어로 갈 수밖에 없는 것이다. 4차 산업혁명이라는 것이 뜨면 온갖 곳에 그 이름이 붙는다. 로컬 브랜드에 대한 투자는 거의 이루어지지 않는다.

그래서 로컬의 가치를 만들어내는 사람들에게 투자해보자, '아재들' 말고 밀레니얼 세대의 미감을 가진 선수들을 한번 키워보자, 뭔가 매력적인 것이 있는 곳으로 가보자, 그러고 있는 중이다. 미쳤다는 얘기를 듣기도 하지만 그 길로 가자고 우기는 중이다.

그래서 현재 로컬 크리에이터로 불리는 사람들을 160명 정도 발굴해서 협업하고 있다. 잠재적인 지역 가치를 젊은 세대의 창의적 감각과 결합시킨 공간, 상품으로 만들어나가는 중이다. 미국 포틀랜드가 살기 좋은 도시라 하는데, 왜 그렇겠는가? 개성이 강한 도시이기 때문이다. 츤데레(쌀쌀맞지만 실제로는 따뜻한) 스타일의 가게가 수천 곳이나 있는 도시이기 때문 아닐까? 그래서 디자인 등 창업에 필요한 분야의 고수들을 초빙해 연결해주기도 한다.

출처: 강원창조경제혁신센터

사례들이 있다. 이미 많이 알려진 곳도 있고 알려져가고 있는 곳도 있다.

1. 강릉역 앞 여관 거리 끝에 빈 여인숙이 있었다. CJ E&M에서 PD 하던 분과 홍익대 앞에서 기타리스트를 하던 커플이 자기들의 감각을 살려 이곳을 게스트하우스로 바꿨다. 이곳에 묵으면서 강릉 앞바다에 나가 요가와 명상을 하는 프로그램을 운영하는데 명물이 되어가고 있다.

2. 속초 칠성조선소는 1년에 50만 명이 다녀가는 곳이다. 조선소라 하지만 현대중공업 같은 곳을 연상하면 안 되고 그저 배 정비소라 보면 된다. 문을 닫게 된 조선소를 젊은이들이 리모델링해서 전국적인 사진 명소가 됐다. 주말에는 하루에 3,000명이 든다. 칠성조선소는 문화관광부가 선정한 10대 테마관광지에 포함됐다.

3. 양양에 서핑숍이 있다. 2019년 7월부터 연말까지 6개월 동안 70만 명이 다녀간 핫스폿이다. 그곳 해변에 해안선 경계 철조망이 있다. 발상을 바꿔서 철조망을 걷어내는 것이 아니라 철조망 안으로 들어가서 서핑을 하게 해달라고 군부대에 요청했다. 한국은 OECD 국가 중 유일한 분단국가다. 서양 사람들이 그 철조망 안으로 들어가 서핑하는 경험을 굉장히 신기해한다.

4. 그 외에도 많다. 평창 출신 남매가 평창에서 난 메밀, 계란, 우유, 버터를 가지고 빵을 만드는데 맛있기까지 해서 전국적 명소가 됐다. 산업화 시대에 사라진 크래프트 문화를 되살려 가치소비를 하자고 시도하는 청년들이 곳곳에 있다.

우리 강원센터는 여러 지원 활동을 한다. 발굴해서 엑셀러레이팅하고 투자자를 붙여주고 있다. 최근에는 임팩트 투자가도 붙고 있다. 이 재웅(다음 창업자) 씨가 만든 임팩트 펀드 소풍벤처스가 강원센터에 아예 사무실을 내 투자할 곳을 찾고 있다. 실제 일을 해보면 젊은이들이 가져오는 사업 계획서가 허접하다. 안 해본 것을 하자니 당연한 일이다. 이들에게 분야별 전문가들을 붙여서 지원한다. "그렇게 해서 3년 버틸 수 있겠어?"라고 묻고 스스로 검증하게 한다. 작가나 디자이너들을 결합시켜 자문해주고 홍보도 한다. 강원도만의 색깔과 빛, 이미지를 찾아 브랜딩하고 이것으로 달력과 책도 만든다. 강원도에서 마주치는 장면들을 패턴으로 바꾸는 작업도 한다. '강원 미감美感'이라는 브랜드도 만들었다.

박근혜 시절 정부는 각 지역 센터들에 알파고 같은 것을 찾으라고 미션을 내렸다. 그게 되나. 그래서 그때는 로컬 리브랜딩하는 일을 비밀로 하기도 했다. 그런데 2020년 상반기에 중소벤처기업부가 드디어 44억을 투입해 로컬 크리에이터 140개 팀을 뽑았다. 하반기에도 비슷한 예산을 더 넣고 내년에는 더 많이 투입할 예정이라고 들었다. 그 지역만의 가치를 찾아 리브랜딩하는 것이 지역의 전략이 될 수 있다. 그것을 위한 생태계를 꾸준히 만들어가야 한다.

〈문제점은〉

1. 싸게 소비하는 문화가 여전하기에 가치소비가 자리 잡는 데 한계가 있는 것 같다.

2. 우리는 박정희 시대 이후 톱다운top-down 방식으로 성공해온 기억이 너무나 강하다. 지역 특화산업이라는 것도 김영삼 정부 이후 정부마다 이름만 바꿔 시도했다. 모두 톱다운이었다. 지자체는 재정 자립도가 낮아서 시키는 대로 한다. 그러다 보니 지역 특유의 모델을 찾는 것은 상대적으로 우선순위에서 뒤로 밀리게 된다. 일본은 〈마쓰다 보고서〉 이후 〈지방창생법〉을 만들어 4~5년 단위 예산 집행이 가능하도록 바꿨다. 우리도 그렇게 갔으면 한다.

3. '라스트 마일last mile'[2]이라는 말이 있지 않나. 행정의 끝에서 스마트하게 도와줄 수 있는 주체들, 행정의 라스트 마일이 부족하다. 정부 부처별로 지방에 할당되는 예산이 적지 않다. 그것을 소프트웨어에, 테크놀로지와 디자인에 투입했으면 한다.

〈과제는〉

1. 중장기적 예산 지원 시스템을 도입해야 한다

일본 〈지방창생법〉과 같이 사업 대상으로 선정되면 4~5년의 장기

---

2   원래 사형수가 집행장까지 걸어가는 거리를 가리키는 말인데, 통신망이나 유통업에서는 '통신망이 전화, TV, 컴퓨터 등에까지 이어지는 최종 구간', '고객과의 마지막 접점'을 뜻한다.

사업을 승인해주고 길게 이어갈 수 있도록 중장기적 예산 지원 시스템을 도입해야 한다. 단기 성과 중심의 과제가 아닌, 장기적 관점에서 지역의 고유 가치가 뿌리내릴 수 있는 전략과 사업이 안정화될 때까지 시간을 보장해주고 지역 맞춤의 체계적인 관리가 이루어져야 한다.

2. 민간의 중간 지원 조직을 육성해야 한다

우리나라는 행정의 끝 단위의 라스트 마일이 너무 허약하다. 지자체 공모사업 용역을 수행하는 민간 사업자도 관에서 중시하는 가시적 성과에 매몰되어 있는 상황이다. 라스트 마일의 공백을 채워줄 수 있는 민간의 중간 지원 조직을 육성하고 역할을 할 수 있도록 해야 한다.

3. 소프트웨어 중심의 크리에이터 지원을 확대해야 한다

소프트웨어가 중요해진 시대다. 하나의 사업을 추진할 때 외부로 보이는 디자인이 얼마나 그 시대의 감성을 자극하고, 공감할 수 있게 구성되었느냐에 따라 사업의 성패가 좌우되기도 한다. 테크놀로지와 디자인이 가미된 것은 좋은 서비스와 콘텐츠를 만들어낸다. 하드웨어가 아닌 소프트웨어 중심으로 지역 고유의 가치와 브랜드를 발굴하고 사업화할 크리에이터들을 긴 안목을 갖고 지원해야 한다. 기업가 정신을 겸비한 크리에이터들은 그들만의 커뮤니티를 구축하고 생태계를 형성하며, 지역에서 새로운 기회를 창출하고, 살고 싶은 도시를 만들어낸다.

〈그래서 나는〉

톱다운이 아니라 그 지역에 사는 사람들이, '나는 이런 모습이었으면 좋겠어', '나는 이런 곳에서 이렇게 살았으면 좋겠어'라고 생각하는 사람들이 시도하는 작은 실험들을 장려해주면 좋겠다. 그러면 재미있는 것들이 생겨난다. 그것이 크리에이티브이고, 거기서 스몰 비즈니스가 생겨난다. 공감 소비가 만들어지고, 커뮤니티가 만들어지고, 그 자체가 마켓이 된다. 온라인에서 최초에는 아주 작게 시작한 커뮤니티가 나중에 엄청나게 커져서 많은 이에게 영향을 미친다. BTS를 좋아하는 사람들의 네트워크가 세상을 바꾸는 것과 같다. 그러한 것들이 도시를 살아 있게 하고 다양한 브랜드를 만든다.

스타벅스는 아직도 시애틀 정체성을 유지한다. 테라로사Terarosa가 그렇다. 김용덕 테라로사 대표는 테라로사를 아직도 '메이드 인 강릉'이라고 한다. 김 사장은 은행 지점장을 하다 IMF 때 명퇴했다. 그 시절 안목해변에 연인들을 대상으로 한 자판기 커피가 알려지기 시작했다. "우리 가게는 라테를 마실 수 있는 자판기가 있어요", "우리는 에스프레소가 나와요", 이렇게 해서 테마가 형성되기 시작했다. 그때 테라로사의 김용덕, 커피보헤미안의 박이추 같은 분들이 지역 브랜드를 살려 지금의 커피 도시 강릉을 만들었다. 거기에 강릉시나 강원도, 중앙정부는 1도 보탠 게 없다.

50대, 60대는 로컬 크리에이티브들을 향해 결국 도시 재생 하는 것 아니냐고 한다. 물어보면 전혀 아니라고 한다. 젊은 친구들은 좋아서, 취향에 맞는 커뮤니티가 있어서 간다고 한다. 자신이 살고 싶은 도시를 만들 수 있기 때문에 가는 것이라고 한다.

미래의 전령이 지방에 먼저 왔다. 서울이나 도쿄가 아직은 더 좋으니까 그렇게들 사는데, 미래의 전령들이 지방에서 새로 시작하고 있다는 점은 분명하다.

7

감염병의 지구적 확산과 생명과학의 도전

윤상선(연세대 의대 미생물학교실 교수) · 황세희(여시재 미래디자인실장)

신약 개발보다는 신약 재창출이 효과적

2020년 8월 10일, 전 세계의 코로나19 확진자 수가 2,000만 명을 넘어섰다. 8개월 사이에 전 세계로 확산된 코로나19는 놀라운 전파력을 발휘하고 있다. 게다가 독감의 치사율이 0.1%인 것에 비해 코로나19는 5.6%라는 높은 치사율을 보인다. 코로나19와의 전쟁에서 승리하기 위한 지구적 노력은 신약 개발과 완전 치료라는 기존의 의학적 상식도 바꿔놓고 있다. 다양하게 변이하며 광범위하고 빠르게 퍼져 나가는 감염병은 더욱 신속한 대응을 요구하기 때문이다.

그래서 장기간의 임상시험이 요구되는 신약 개발보다는 기존의 신약들의 효능을 활용하는 신약 재창출(drug repurposing 혹은 drug repositioning)이 주목받고 있다. 시판 중인 약물 혹은 임상 후기에서 약효 미달로 탈락한 후보 약물들은 인체 안정성이 확인된 약물들이다.

이들 약물이 감염증 치료에 효과가 있는지 확인하려는 시도가 늘어날 것이다.

지금까지 밝혀진 바에 따르면 코로나19는 독감보다 전파 속도가 느린 반면, 독감보다 오랜 기간 전염력이 유지된다. 독감의 잠복기가 대략 3일인 데 비해 코로나19는 5~6일 정도다. 게다가 코로나19 확진자 1명이 전염시키는 사람은 평균 2~2.5명으로 추정되는데, 이는 독감보다 많다. 또한 독감에 비해 폐렴 등 2차감염으로 이어지는 경우가 많아 기저질환자에게는 치명적인 결과를 초래하기 쉽다.

코로나19의 확산에 대응하기 위한 치료제와 백신 개발은 전 세계적으로 활발히 진행되고 있다. 2020년 5월 초, 글로벌 제약사 화이자는 미국에서 독일 제약사 바이오엔테크BioNTech와 협력해 코로나19 백신 후보 BNT162에 대한 임상시험을 시작했다.[1] 화이자는 독일에서는 이 프로그램에 참여한 연구 참가자들에게 4월 말 백신을 투여했으며, 미국에서는 뉴욕 그로스만 의과대학과 메릴랜드 의과대학에서 실험이 진행 중이라고 밝혔다. 5월 중순, 미국의 바이오기업 모더나는 임상시험을 통해 코로나19의 항체를 만드는 데 성공했다고 발표하기도 했다.

국내 제약 바이오기업들 역시 신종 코로나바이러스 감염증COVID-19 백신과 치료제 개발에 역량을 모으고 있다. 한국제약바이오협회에서 조사한 바에 따르면 2020년 3월 현재 제약 바이오기업 5곳이 코로나19 예방 백신과 치료제를 개발하기 위한 절차에 착수했고 정부기관 4

---

1 "First US participants get experimental coronavirus vaccine in Pfizer BioNTech study", May 5, 2020, CNN.(https://edition.cnn.com/world/live-news/coronavirus-pandemic -05-05-20-intl/h_4d303323d35de859d91fdd7c8df265e7)

곳도 R&D에 돌입했다.

이러한 가운데 2020년 5월 3일, 미국 FDA는 코로나19 치료제로 주목받고 있는 '렘데시비르remdesivir'에 대한 긴급 사용을 승인했다. 코로나19 치료제로 FDA 긴급 사용 승인을 받은 약은 렘데시비르가 최초다. FDA는 코로나19 입원 환자를 대상으로 한 임상시험에서 긍정적 임상 결과가 발표된 지 이틀 만에 렘데시비르를 승인했다. 다만 이번 승인은 정식 사용 허가가 아닌 시한부 승인임을 분명히 했다. 에볼라 치료제인 렘데시비르를 활용한다는 구상은 코로나19 확산 초기부터 논의되었다. 3월 13일 〈사이언스〉지는 캘리포니아 대학교 데이비스 캠퍼스UC Davis 에서 미국 내 첫 번째 지역감염 환자를 대상으로 렘데시비르를 활용한 긴급 임상시험의 진행 경과를 소개한 바 있다. FDA의 임상시험 허가로 진행된 이 시험에서 환자 상태가 호전된 것으로 확인된 바 있다.

렘데시비르를 코로나19 치료제로 활용하려는 노력은 향후 질병 치료를 위해 오랜 시간과 비용이 소요되는 신약 개발보다 신약 재창출이 주목받을 것임을 보여준다. 혈관 확장제로 개발된 비아그라가 발기부전 치료제로 재발견된 바 있다. 이처럼 감염병에 발 빠르게 대응하고자 인체 안정성에 문제가 없는 약물 후보 물질들을 대상으로 치료제의 효능을 발견하려는 시도가 앞으로는 더욱 빈번해질 수 있다.

빠른 진단이 최선의 대응

코로나19가 보여주었듯이 감염병의 글로벌화는 이제 새로 주어진

현실이다. 변이와 변종 바이러스가 발생할수록 감염병의 완전한 예방과 치료는 어려워질 수밖에 없다. 이번 코로나19 대응에서 한국이 봉쇄 없는 방역에 효과를 거둘 수 있었던 것은 코로나19 진단 키트를 이용한 빠른 진단과 확진자 격리 조치 덕분이었다. 그리고 진단 키트를 개발하는 과정에서 바이러스 관련 정보를 공유하고 이를 빠르게 도입한 바이오기업들의 노력이 있었다.

2020년 1월 중순 우한에서 코로나19 바이러스의 확산이 우려되기 시작했을 때, 홍콩의 한 연구진은 즉각적인 DNA 서열 분석을 통해 특이 DNA 서열을 밝혀 전 세계에 공개했다. 한국의 대표적인 진단 키트 기업인 씨젠은 이에 앞선 1월 16일경부터 코로나19 바이러스 진단 키트 개발에 착수했으며, 공개된 바이러스의 염기서열을 활용해 진단 키트의 가장 중요한 요소인 PCR 프라이머를 제작할 수 있었다. 코로나19 확산이 가시화되자 1월 27일 질병관리본부는 씨젠에 진단 키트 개발을 정식으로 요청했다. 씨젠은 2월 12일 코로나바이러스 진단 키트 개발과 즉각 승인을 공식 발표했다. 감염의 원인이 되는 병원체를 신속하게 진단하려면 먼저 DNA 서열을 밝혀야 한다는 것을 다시 한 번 확인할 수 있다.

씨젠, 오상헬스케어, 그리고 100% 국산화 진단 키트 개발에 성공한 솔젠트 등을 비롯한 한국의 바이오기업들이 개발한 진단 키트는 전 세계의 수요 폭증에 힘입어 코로나 시대의 핵심 수출 품목으로 자리 잡고 있다. 관세청에 따르면 2020년 4월 진단 키트 수출액은 전월 대비 8.35배가 늘어난 2억 123만 달러(약 2,466억 원)였다. 1월부터 4월 사이의 누적 수출 금액은 2억 2,598만 달러(약 2,769억원)로 집계됐다. 1

월에는 1개국에 불과했던 진단 키트 수출 국가 수는 2월 33개국, 3월 81개국, 4월 103개국으로 급격히 증가했다.

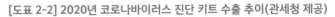

[도표 2-2] 2020년 코로나바이러스 진단 키트 수출 추이(관세청 제공)

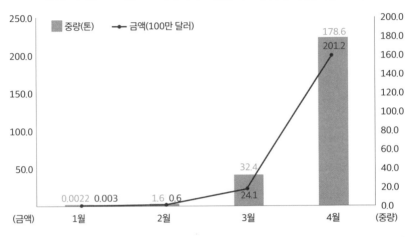

출처: <한국관세신문>(http://www.kcnews.org)

노년층의 육체적 정신적 건강관리가 장기 과제로

코로나19를 비롯한 감염병에 치명적인 영향을 받는 것은 기저질환 자들과 고령층이다. 따라서 이들에 대한 건강관리는 사회 전체가 대응 해야 할 과제로 부상할 것이다. 사회적 거리 두기가 장기화되며 사회 적 고립감과 일상생활의 제약으로 인한 우울증(이른바 코로나 블루) 문 제가 부각되기도 했다. 이러한 정신 건강 관련 문제는 고령층을 대상 으로 한 의료에서도 중요한 이슈로 부상하고 있다.

2020년 3월 16일 <사이언스>지에 발표된 논문에 따르면 사회적 거 리 두기로 인한 사회적 고립감은 모든 연령대에 영향을 미치지만, 고령층에 가장 큰 영향을 미친다. 고령층은 사회적 불안감과 우울증에 특히 취약한 경향이 나타나는데, 이는 감염병에 취약한 고령층의 육체적 건강과 함께 정신 건강에 대한 관심과 대응이 향후 중요한 과제가 될 것임을 시사한다. 고령화사회에서 인구의 많은 부분을 점유하며 의료비 지출의 많은 비중을 차지할 고령층이 육체적, 정신적으로 더욱 취약해지지 않도록 하는 노력이 필요하다.

[표 2-5] 확진자 연령별 현황(2020년 5월 31일 00시 기준)

구분	확진자 수(%)	사망자 수(%)	치명률(%)
80 이상	498 (4.34)	131 (48.52)	26.31
70~79	725 (6.32)	80 (29.63)	11.03
60~69	1,405 (12.25)	39 (14.44)	2.78
50~59	2,039 (17.78)	15 (5.56)	0.74
40~49	1,521 (13.26)	3 (1.11)	0.2
30~39	1,292 (11.27)	2 (0.74)	0.15
20~29	3,176 (27.69)	0 (0.00)	-
10~19	655 (5.71)	0 (0.00)	-
0~9	157 (1.37)	0 (0.00)	-

출처: 코로나바이러스 감염증 본부(http://ncov.mohw.go.kr/bdBoardList_Real.do?brdId=1&brdGubun=11&ncvContSeq=&contSeq=&board_id=&gubun=)

더욱이 코로나19는 고령층에 유독 심각한 감염을 일으키고 있다. 2020년 5월 20일 미국 의학협회의 기관지인 〈미국의학협회지Journal of the American Medical Association〉에 발표된 논문에 따르면 코로나바이러스 감염과 관련 있는 '앤지오텐신 전환효소2ACE2'가 고령층일수록 증가한다는 사실이 발견되었다. ACE2는 폐나 심장, 동맥 등 여러 신체 조직의 세포막에 있는 단백질인데 코로나바이러스의 돌기 모양 단백질과 결합할 경우 세포 내로 침투하고 증식된다. 그래서 ACE2가 많을수록 코로나바이러스에 감염될 가능성이 높아질 수밖에 없다. 연구진의 분석에 따르면 10세 미만 아이들은 ACE2의 발현이 상대적으로 매우 낮기 때문에 어린 아이들이 상대적으로 신종 코로나바이러스의 감염이 덜 진행되었다. 반면에 나이가 들수록 수용체 발현 양이 점점 증가하는 경향을 볼 수 있다.[2] 코로나바이러스가 나이 든 사람에게서 더 심한 감염을 일으키는 과학적 근거가 입증된 것이다.

이처럼 감염 가능성이 높은 고령층에 대한 감염병 대책이 중요해지고 있다. 더욱이 고령층은 '면역 노화'라는 특성도 지닌 것으로 파악된다. 2020년 4월 17일 〈뉴잉글랜드저널오브메디슨The New England Journal of Medicine〉에 발표된 논문에 따르면 코로나19 백신이 개발되더라도 고령층에게는 백신의 효능이 떨어질 수 있다. 일반적으로 나이가 들수록 선천면역 혹은 적응면역의 활성이 감소하는데 이를 면역 노화라 부른다. 따라서 아주 좋은 백신이 개발된다고 하더라도 고령층에게는 우리가 원하는 수준의 면역 활성을 기대하기 어렵다.

유엔에 따르면 2050년까지 65세 이상 인구가 5세 이하 인구의 두 배를 넘을 것으로 예측된다. 고령화사회에서는 백신이 감염병의 대규모 확산을 막는 데 한계가 있을 수 있다. 앞으로 진행될 감염병에 대응

---

2 Bunyavanich S, Do A, Vicencio A, "Nasal Gene Expression of Angiotensin-Converting Enzyme 2 in Children and Adults", *JAMA*, 2020, 323(23): 2427-2429. doi:10.1001/jama.2020.8707.(https://jamanetwork.com/journals/jama/fullarticle/2766524)

하기 위한 의과학 연구에서는 백신 개발뿐만 아니라 노인들의 면역 체계에 대한 전반적인 기초연구도 중시해야 할 것이다.

국가별 연대와 협력을 이끌 거버넌스의 중요성

앞서 언급했듯이 코로나19와 같은 글로벌 감염병의 확산을 저지하기 위해서는 빠른 진단과 조치가 필요하다. 이를 위해서는 국가 간 연대와 협력이 더욱 중요해질 전망이다. 감염병의 변이와 확산을 저지하기 위해서는 진단 키트를 신속하게 개발, 보급해야 하는데 현재로서는 이 과정에서 각 나라별 승인이 필요하다. 진단 키트를 신속하고 안정적으로 보급하기 위해서는 진단 키트의 개발과 승인, 그리고 이를 담당할 국제기구가 필요하다.

백신과 치료제 개발에도 국제적 공동 대응이 필요하다. 2020년 6월 30일 현재 전 세계에서는 1,570건의 백신과 치료제 개발이 진행 중이다. 이 중 중국에서 개발 중인 것이 357건으로 가장 많고 그다음이 313건의 미국이다. 백신과 치료제 개발은 코로나 대응의 핵심인 만큼 각국의 사활적 이익이 걸려 있다고 해도 과언이 아니다.

치료제와 백신 개발을 위한 글로벌 협력의 움직임도 존재한다. 코로나19를 조속히 종식하고자 세계보건기구WHO는 2020년 3월 18일 코로나19 글로벌 임상시험의 실시를 발표한 바 있다. '연대Solidarity실험'이라 이름 붙여진 이 실험에서는 에볼라 치료제인 램데시비르, 말라리아 치료제인 클로로퀸, HIV 치료제인 로피나비르와 리토나비르, 인터페론 베타IFN-β의 효능을 검증하는 국제적인 임상시험을 동시에 진행

[도표 2-3] 전 세계 코로나19 치료제, 백신 개발 현황

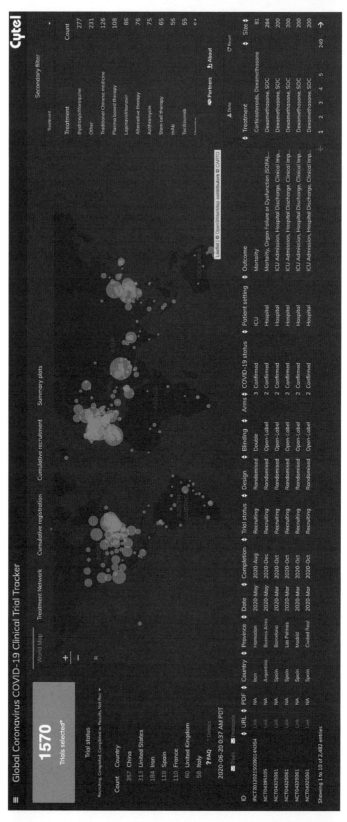

출처: https://www.covid-trials.org (2020년 6월 30일 검색)

한다. 임상 치료에 동의한 전 세계 환자들에게 다양한 조합의 치료제를 처방하고 증상 완화 여부를 보고한다.

글로벌 연구의 결과물 가운데 하나로, 2020년 3월 23일자 〈사이언스〉지에서는 결핵 백신이 코로나19 백신 개발에 도움이 될지를 검토한 연구를 소개했다. 결핵 백신으로 호흡기 면역 체계를 강화하는 것이 코로나19 감염 저항성을 높여줄지를 검토한 것이다. 4월 11일 진행한 WHO 중간 보고에서 아프리카를 대상으로 조사한 결과, 결핵 백신이 보급된 나라에서 확진자 수가 적다는 사실을 확인한 바 있다.

WHO는 다방면에서 코로나 대응을 위한 국제 협력을 활발히 전개하고 있다. 2020년 4월 24일에는 에마뉘엘 마크롱 프랑스 대통령, 우르줄라 폰데어라이엔 유럽위원회 회장, 빌 & 멜린다 게이츠 재단의 회의를 공동 주최해 코로나19 치료제와 백신 개발 속도를 올리기 위한 협력 방안을 논의했다.

이와 함께 WHO는 개발될 치료제와 백신을 공유할 수 있는 제도를 구축하려는 노력도 기울이고 있다. 2020년 5월 18일에서 19일 사이에 진행된 연례 세계보건총회에서는 치료제와 백신의 특허권을 공유하자는 결의안을 채택했다. 5월 29일에는 이 결의안의 후속 작업으로 코로나바이러스 염기서열 데이터를 공유하고 백신 임상시험 결과를 투명하게 공개하길 요청하기도 했다.

현재 백신 개발을 진행 중인 비영리조직들의 의미 있는 시도도 존재한다. 영국 옥스퍼드 대학의 제너연구소에서 개발 중인 백신은 곧 임상 3상에 돌입할 예정인데, 이들은 임상 개시와 동시에 대량생산에 돌입한 바 있다. 임상 결과가 가시화되는 2020년 9월에는 100만 명에게 투여할 수 있는 분량의 백신을 생산할 계획인 것으로 알려졌다. 더욱이 제너연구소는 전 세계에 분포한 백신 제조업체 7곳과 협업하면서 백신을 분산 제조하는 방침을 채택하고 있다.[3] 이는 비영리연구 조직이 주도하는 빠른 백신 개발과 공유 플랫폼 모델로서 주목받고 있다.

이러한 국제 협력은 유럽연합 국가들을 중심으로 전개되고 있다. 2020년 5월 4일 프랑스, 독일, 이탈리아, 영국, 노르웨이를 위시한 EU 회원국과 사우디아라비아를 비롯한 파트너 국가들은 75억 유로의 초기 자금 조달을 목표로 하는 국제회의를 개최하여 백신 개발에 협력할 것을 합의했다. 반면 미국과 중국은 민간 주도의 백신과 치료제 개발이 활발한 데 비해 양국 정부는 국제 협력에 소극적이라는 인상을 준다.

오히려 미국은 2020년 9월 말까지 생산될 렘데시비르 물량의 92%를 확보한 것으로 알려졌다.[4] 이에 앞서 6월 13일 이탈리아, 독일, 프랑스, 네덜란드의 4개국은 백신 조달 과정에서 협상력을 높이기 위해 '포괄적 백신 동맹inclusive vaccine alliance'을 결성하여 다국적 제약회사 '아스트라제네카'와 4억 명분의 백신을 공급하는 계약을 맺은 바 있다.[5] 백신과 치료제가 각국의 사회경제적 안정에 필수적인 공공재로 기능할 가능성이 높아지는 상황에서 민간 영역이 시장의 논리로만 접근

---

3 <청년의사> 2020. 4. 20.(http://www.docdocdoc.co.kr/news/articleView.html?idxno=1079918); <한겨레신문> 2020. 4. 30.(http://www.hani.co.kr/arti/science/technology/942630.html)

4 <동아일보> 2020. 7. 2.(https://www.donga.com/news/Inter/article/all/20200702/101785999/1)

5 <중앙일보> 2020. 6. 15.(https://news.joins.com/article/23801373)

할 경우 백신과 치료제 확보가 한 국가의 사회적 안정을 좌우할 것이다. 백신과 치료제 개발만큼이나 안정적인 공급망 확보가 중요해졌다.

더 큰 문제는 의료 체계가 확립되지 않은 제3세계 국가(아프리카, 남미 등)에 있다. 남반구로 확산된 감염병이 계절의 변화에 따라 다시 북반구로 돌아오는 감염병의 순환 고리를 차단하기 위해서라도 남반구의 제3세계 국가들에 백신과 치료제를 공급하는 것은 중요한 과제다. 그러나 각국의 자구적 노력만으로는 한계가 있을 수밖에 없다. 남반구 국가들에 백신과 치료제가 공급되지 않아 생기는 문제는 장기적으로 북반구 국가들의 감염병 대응을 가로막는 장애물이 될 수밖에 없다. 따라서 남반구 국가들의 감염병 확산에 대응하는 지구적 협조 체제가 반드시 요구된다. 남반구 국가들에 백신과 치료제를 원활히 공급하려면 적정 금액 산정 및 공급 방법의 현명한 선택 등을 위한 범국가적 연대가 필요하다.

코로나19가 전 세계를 휩쓴 팬데믹 상황에서 한국은 K-방역이란 단어로 상징될 만큼 성공적으로 대응한 국가로 평가받았다. 감염병의 지구적 확산은 이제 '질병과 함께하는 삶'을 새로운 노멀로 만들었다. 글로벌화되고 빠르게 확산되는 감염병으로 인해 건강한 사회가 국가 경쟁력의 핵심 요소가 되었다. 한국의 성공적인 방역 경험을 향후 글로벌 의료 강국으로 거듭나는 기회로 만들기 위해서는 앞서 정리한 새로운 도전들에 현명하게 대처해야 할 것이다.

PART 3

대한민국, 새로운 미래를 이끌어라

1
자연과 인류의 상생을 도모하는
첨단 생명과학 R&D 정책이 필요하다

이동우(연세대 생명공학과 교수)

더 안전한 삶을 지향하며 인류의 생활방식을 성찰해야

전 세계는 눈에 보이지 않는 코로나19 바이러스에 맞서 총력전을 펼치고 있다. 그러나 아직까지 뚜렷한 대응책이 마련되지 않아 인류의 생존을 지켜내기에 벅찬 현실이다. 이러한 위기를 타개할 안전한 백신과 치료제, 신속하고 정확한 진단 기술 개발, 추가 확산에 대한 효과적 대응 및 글로벌 보건의료 체계 구축 등 대응책 마련이 매우 시급하다. 동시에 우리가 처한 상황을 냉정하게 판단하고 근본적인 원인을 규명하며, 지속적으로 인류의 생존을 위협할 또 다른 요인에 대비할 방안도 마련해야 한다. 특히 곧 도래할 디지털 혁명 시대에 인류의 지속 가능한 번영을 위해 미래 R&D 정책을 고민할 시점이다.

세계적인 감염병 대유행(이하 글로벌 팬데믹)으로 인해 세계는 탈세계화 및 언택트Untact 사회로의 전환이란 새로운 국면을 맞이하고 있다. 뉴노멀 시대를 준비하며 '더 안전한 삶'이라는 인류 공동의 가치를 정립하고, 지구 곳곳에서 지속적으로 보내오는 생존을 위협하는 신호에 귀 기울이며 '인류의 생활방식을 성찰'해야 하는 시기가 도래한 것이다.

인류는 18세기 중반부터 시작된 산업혁명 및 생명과학의 비약적인 발전을 통해 인류 문명사에 길이 남을 풍요와 번영을 누려왔다. 첨단 과학기술을 동원한 산업화 및 도시화, 폭발적인 식량 수요에 따른 무자비한 토지 개간 및 대량생산, 운송 및 통신망 구축을 통한 시장경제 체제 세계화 등으로 지구의 모든 시스템은 지극히 인간 중심으로 빠르게 재편되었다. 19세기 초 불과 10억 명 미만이던 인구는 2020년 78억 명으로 증가했으며, 평균수명은 80세에 이른다. 2050년에는 글로벌 인구의 70%가 도시에 거주할 것으로 전망하고 있다.

다만, 무분별한 산업화, 현대화, 도시화는 주위를 살펴볼 여유조차 없이 급박한 사회 혁신 및 개발에 빠져들게 하여 인류의 생존을 위협하는 지경에 이르렀다. 끊임없는 자연재해, 환경오염, 글로벌 전염병 및 각종 질병은 인류의 활동에 따른 자연파괴에서 비롯되었다는 비난을 피하기 힘들다. UN을 중심으로 한 국제사회는 지구온난화 및 생물다양성 파괴가 되돌릴 수 없는 인류의 파멸을 야기한다고 지속적으로 경고하고 있다. 이제는 더 이상 인간 중심의 이기적인 개발 및 과학기술만으로는 인류의 지속적인 번영은 불가능하다.

최근 코로나19에 대한 신속한 진단 키트 개발 및 수준 높은 방역 체계, 성숙한 시민의식 덕분에 대한민국의 브랜드 가치가 더욱 높아졌다. 이제는 선진국 대열에 합류하기 위해 지난 70년간 추구해온 추격형 R&D 정책을 뒤로하고, 국제사회와의 협력을 바탕으로 다가오는 글로벌 현안을 해결하는 책임과 의무를 다해야 한다는 인식 전환이 필요하다. 자연과의 조화를 통한 인류의 공존을 목표로 새로운 시대에 걸맞은, 품격 있는 R&D 정책 대전환이 필요한 시점이다.

생존을 위협하는 환경 변화와 R&D 패러다임의 전환

우리가 직면한 가장 큰 위협은 인간을 포함한 지구 생태계 전체를 손상시키는 기후변화다. 지난 2세기 동안 인류의 삶은 풍족해졌지만 화석연료 기반의 산업화 및 도시화에 따른 대기오염과 기후 온난화 및 인간의 위험한 관행이 자연환경을 황폐화시켰다. 이로 말미암아 세계 각국은 신기후변화 체제를 구축하고자 1988년 기후변화정부간협의체 **IPCC** 발족을 시작으로 1992년 〈유엔기후변화협약**UNFCCC**〉 체결, 온실가스 배출 감소를 위한 1997년 〈교토의정서〉, 2015년 〈파리 기후협정〉을 채택하며 공조하고 있다. 실제로 지구의 온도는 지난 200년간 지속적으로 상승해왔다([도표 3-1] 참조).

기후 온난화에 따른 지구의 반응은 더욱 심각하다. 극지대의 빙하 감소, 동토의 기온 상승, 가뭄 및 사막화에 따른 물 부족 및 식량 생산성 감소, 이상기류로 인한 홍수, 지구 생태계의 서식지 변화 및 생물 다양성 감소라는 위험신호가 끊임없이 발생하고 있다. 더 심각한 것은 위에 나열한 현상과 맞물려 자연재해로 인한 사망률 증가, 인간의 영양원 공급 부족, 각종 심호흡계 및 감염성 질환의 증가, 일부 질병 매개체의 분포 변화 등 인류의 멸종을 앞당기는 징조가 나타나고 있는

[도표 3-1] 연평균 지표 온도의 변화(1951년~1980년의 평균 지표 온도 기준 대비)

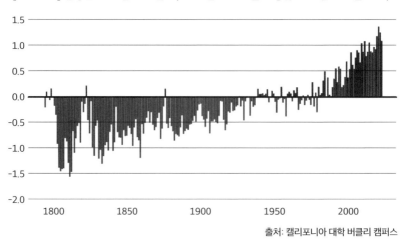

출처: 캘리포니아 대학 버클리 캠퍼스

것이다.

2020년 초, 글로벌 팬데믹이 발생하여 인간들이 활동을 일시적으로 멈추자 하늘이 맑아지고 미세먼지 및 소음이 줄고 대기오염도가 낮아졌으며 야생동물이 도시에 나타났다. 만약 기후변화를 이대로 방치할 경우, 지구온난화가 가속화되어 해수면이 상승함에 따라 지구 전체의 기후 순환이 저해되며, 2050년 세계 인구가 90억 명을 넘게 될 때 식량 공급에 큰 차질이 생겨 기근에 허덕이며 엄청난 수의 난민이 발생할 것으로 예측된다([도표 3-2] 참조). 또한 인수공통감염병은 물론 특히 신종 바이러스의 발생 주기가 점점 짧아지고 있어 인류에게 더 큰 위협이 되고 있다.

그동안 지속해온 인간의 활동 방식을 성찰함으로써 환경오염 최소화 및 지구 환경을 복원하는 것만이 인류의 생존 위협을 낮추는 최선의 길임을 깨달아야 한다. 이에 국제연합**UN**은 2030년까지 인류에게

[도표 3-2] 인류 생존을 위협하는 요소

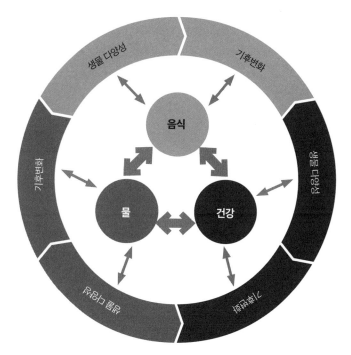

출처: https://extinctionrebellion.uk/the-truth/the-emergency

고통을 주는 각종 감염질환에 대한 대응 및 건강하고 행복한 삶을 위한 의료기술 개발, 지구 환경보호 등을 주요 목표로 설정하고 있다. 또한 선진국들을 중심으로 기후변화에 대응하기 위한 대체에너지 개발, 폐자원 재활용 기술 개발, 경작지 감소에 따른 대체 식량 개발 등 미래 환경친화적 바이오 경제**Bioeconomy** 시대를 실현 가능케 하는 핵심 기술인 디지털/생명과학 기술 개발에 매진하고 있다. 즉 인간 중심의 현안 해결이 아닌 자연과의 균형 및 조화를 중시하는 절제된 상생 전략이 필요한 셈이다.

이러한 관점에서 국가 경제의 도약은 물론, 식량 안보, 건강한 삶, 환경 복원이라는 글로벌 어젠다에 부합하는, 즉 인류의 안전을 도모하면서 건강한 삶을 함께 나눌 수 있는 한국형 R&D 정책을 수립하고 지속 가능한 운영 체제를 확립해야 한다. 특히 글로벌 식량 및 안보, 디지털 헬스케어, 환경친화적인 녹색기술 등 인류가 자연과 함께 번영하기 위해 반드시 필요한 플랫폼 기술에 주목할 필요가 있다.

미래 글로벌 식량난을 극복할 친환경 바이오 기술

인구통계학자인 토머스 맬서스Thomas Malthus는 기하급수적으로 증가하는 인구와 산술급수적으로 증가하는 식량 생산량이 식량 수급의 불균형을 야기한다고 경고했다. 과거 1970년대를 전후하여 전 세계적으로 미래 식량난 이슈가 크게 대두되었다. 당시 미국을 중심으로 품종 개량 등 새로운 농업기술 개발(녹색혁명)green revolution이 활발히 진행되었고, 식량 부족에 직면한 개발도상국들이 이러한 신기술을 적극적으로 도입하면서 위기를 극복한 바 있다.

다만 인간 중심의 혁신적인 농업 생산량 증대를 위해 관개시설을 확장하고, 잡종 씨앗을 배포하고, 화학비료 및 농약을 무분별하게 사용한 탓에 생태계 교란 및 자연환경 파괴라는 부작용도 뒤따랐다. 앞으로도 생명공학 기술의 발전과 함께 종자 개량 및 작물 재배 기술의 발전은 꾸준히 지속될 것이나, 최근의 폭발적인 인구 증가와 지구온난화로 인한 농경지의 점진적 감소 등을 고려하면 근본적인 한계가 분명히 존재한다. 더욱이 화학비료 및 농약 등을 적극적으로 사용하는 기존의 농업 기술은 심각한 부작용을 일으키고 있어 다양한 변화와 혁신을 고민해야 하는 시점이다.

세계 각국은 미래 식량난을 극복하기 위해 지속적이고 친환경적인 식량 생산이 가능한 농업기술 혁신을 도모하고 있다. 특히 기존에는 정해진 경작지에서 개량된 종자와 경작 기술을 바탕으로 생산량을 극대화하는 생산자 중심의 발전에 집중했다면, 앞으로는 친환경 · 건강 · 지역 농산물 같은 소비자가 추구하는 다양한 가치를 동시에 충족시키는 데 초점을 맞추게 될 것이다.

가령 '도심형 농장' 기술을 통해 지역 농산물을 선호하는 소비자의 경향에 발 맞추고 대단위 작물 재배에 걸림돌이 되어온 경작 면적 제한을 극복하는 효과를 기대하거나, 식물성 고기나 배양육 같은 '대체육류' 기술을 통해 건강 · 윤리에 관심이 많은 소비자의 욕구를 충족하면서 동시에 축산업 분야의 이산화탄소 배출 저감 효과를 추구하는 것 등이 대표적이다. 소비자들이 기업과 제품의 진정성과 사회적 책임감에 점점 더 많은 관심과 기대를 보이고 편리 · 편의성과 함께 건강 지향적이고 안전하며 친환경 식품을 선호하는 경향은 앞으로 더욱 강해질 것이다.

최근 소비자들은 제품의 품질 · 편의 · 편리성은 물론, 제품 생산에 필요한 원료 생산 및 가공 · 제조 · 유통의 전 과정에서 '안전과 환경'이라는 가치가 '투명하게' 지켜지고 있는지에까지 관심을 보이고 있다. 이러한 소비자의 관심과 생산 효율성을 충족하기 위해 글로벌 식품산업계도 생산에서 유통에 이르는 전 과정을 투명하게 관리하기 위해 블록체인block chain 기술을 적극 활용하려는 형태로 진화하고 있다.

이와 관련된 사물인터넷 기술은 식품의 생산·유통·소비와 관련된 프로세스 전반을 실시간으로 확인하며 모니터링과 제어가 가능하게 한다. 또한 인공지능 기술은 식품에 위해를 끼칠 수 있는 프로세스를 관리하는 데 적용되고 있다.

미래 식품산업의 성패는 철저한 투명성을 기반으로 한 신뢰, 이를 위한 기술 개발과 소비자 개개인과의 적극적인 소통에 달려 있다. 이미 선진국은 단순한 기업 투자보다는 기업·정부·학계 등의 폭넓은 협업을 통해 R&D 생태계를 구성하는 데 집중하고 있다. 또한 기존과 달리 식품산업은 양적 성장에만 몰두하는 것이 아니라 첨단 분야와의 접목을 통한 혁신 기술을 활용해 질적으로 변화하고 있다. 향후 이 분야에서 경쟁력을 유지하며 살아남으려면 관련 신기술을 개발하는 것은 물론 산업 육성 정책을 펴는 등 전 분야에 걸친 전략적 투자와 치열한 혁신의 노력이 필요하다.

글로벌 식품산업의 향후 변화 방향은 크게 ① 기후변화에 대응 가능한 식품 시스템 구축, ② 산업 시스템 전반에 걸친 정보의 디지털화, ③ 지속 가능한 건강 지향으로 요약할 수 있다. 이러한 방향으로 전환하기 위해 경작·유통·제조·포장 등 다양한 영역 간의 활발한 협력 관계를 적극적으로 구축하고 있다. 또한 선진국에서는 R&D를 통해 식품의 부가가치를 높이는 연구에 대한 투자를 꾸준히 진행하고 있다.

'네오르네상스' 시대의 핵심 R&D 분야는 생명체의 유전체 해독

지구 상에 존재하는 생명체의 가장 큰 덕목은 다양성에 있다. 인류는 이렇게 다양한 생명체로 이루어진 자연과 깊은 관계를 맺고 살아간다. 이를테면 전 세계 인구 중 20억 명이 나무를 연료로 사용하고, 40억 명이 천연물을 약으로 활용하고 있다. 대다수 농작물은 재배하는데 꽃가루를 실어 나르는 곤충이 반드시 필요하다. 이런 상황에서 생물 다양성이 급격히 감소하면 인류 역시 생존에 직접적인 위협을 받을수밖에 없다.

생물 다양성을 감소시킨 주 원인은 인간의 활동이다. 생물 다양성이 보존된 지역 34곳의 면적은 지구 전체 지표 면적의 2.3% 내외에 불과하다([도표 3-3] 참조). 이는 46억 년 동안 끊임없이 진화하며 자연이 이루어놓은 생물 다양성을 인간이 무분별한 활동으로 처절히 파괴했음을 의미한다. 궁극적으로는 인간이 살 수 있는 터전도 동시에 사라지고 있는 셈이다.

30여 년 전 미국을 중심으로 한 세계 선진국들은 생명체의 유전체 해독 연구에 여념이 없었다. 1990년대 중반 미국 게놈연구소**TIGR, The Institute for Genomic Research**[현재는 J. 크레이그 벤터 연구소(J. Craig Venter Research Institute)]에서 세계 최초로 생명체의 유전체를 해독한 이후 인간, 모델 동물 및 식물, 병원성 미생물, 산업미생물 등 다양한 생명체의 유전체 정보가 해독되었다. 미국의 국립생물공학정보센터**NCBI, National Center for Biotechnology Information**를 중심으로 지구 상에 존재하는 생명체의 DNA를 해독하는 것은 물론 이들의 유전체 정보를 보관하고 전 세계와 유전체 자원을 공유하는 것을 목적으로 통합 서비스를 제공하고 있다.

당시 천문학적인 비용이 들어간 유전체 해독 프로젝트는 정부의 전

[도표 3-3] 생물 다양성 보존 지역

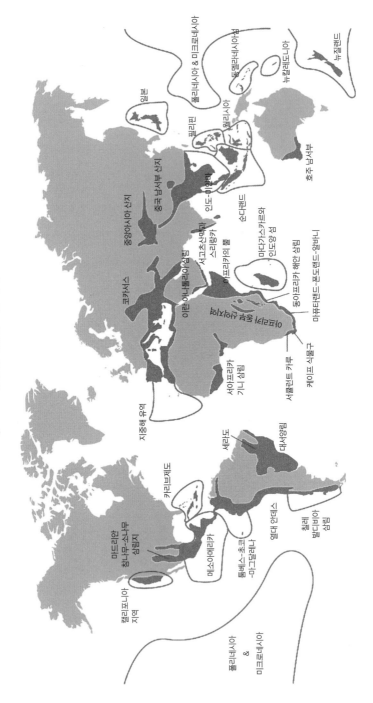

폭적인 지원을 받으며 인류 과학사의 신기원을 이룩했다. 목적은 분명했다. 생명체의 유전체 지도를 통해 인류가 겪고 있는 난치병을 극복하고 인류의 생존을 위협하는 요소를 과학적 접근 방식을 빌려 근본적으로 해결하고자 한 것이었다. 초기에는 유전체 정보를 획득하는 속도도 더디었으며, 얻어낸 유전체 정보를 통해 뜻하는 목적을 달성하기에는 정보의 양도 연구 비용도 턱없이 부족했다.

그러나 2004년 말 차세대 염기서열분석NGS 방법이 보급되면서 유전체 해독은 새로운 국면을 맞이하여, 종전과는 비교할 수 없을 만큼 빠른 속도로 유전체 정보를 축적하기 시작했다. 2020년 8월 현재 22만여 종의 유전체가 해독되었다. 특히 2012년에는 데스크톱 형태의 저가형 NGS 장비가 출시되어 일반 연구자들이 유전체 정보에 훨씬 쉽게 접근하게 되었다. 그 덕분에 기술 혁신 및 글로벌 협업 연구를 통해 인류가 직면하게 될 여러 난제를 극복하기 위한 기반 데이터를 축적했는데, 이는 세계 과학계가 공조하여 데이터를 축적한 대표적인 사례다.

당시 천문학적인 R&D 투자 비용과 성과물이 미칠 파급효과에 대해 회의적인 시각도 많았다. 만약 당시 과학계가 현안 해결에 몰두한 나머지 도전적이고 혁신적인 유전체 연구에 대한 R&D 투자를 포기했다면 지금 우리는 어떻게 살고 있을까?

몇 가지만 예를 들면, 자연환경에 존재하는 생물 다양성 백과사전, 유전자 수준에서 생명체의 환경 적응 진화 분석, 다제내성 병원균 팬데믹 진화 및 전파 역학조사, 슈퍼박테리아에 대응한 항생제 개발 등이 불가능했을 것이다.

또한 이러한 일들을 이루기 위해 축적해온 지식과 기술이 없었다면 현재 인류의 생존을 위협하는 자연재해, 감염성 병원균이나 바이러스가 일으키는 글로벌 팬데믹에 대응하는 전략을 수립할 수 없었을 것이다. 그랬다면 지금 우리는 흑사병이 창궐하던 중세와 별반 차이가 없는 상황을 겪고 있을 것이다. 실로 시대를 통찰하여 미래 비전을 갖고 선도적으로 나아가는 R&D 정책이 다음 세대의 운명을 가른다는 사실을 적나라하게 보여주는 단적인 예라고 할 수 있다.

더 나아가 인간과 지구 상에 공존하고 있는 생명체의 상호 관계를 이해하는 것이 인류의 생존에 필수임을 인식하여 2007년부터 미국의 국립보건원NIH은 인체마이크로바이옴 프로젝트HMP, Human Microbiome Project를 수행했다. EU에서는 메타히트MetaHIT, Metagenomics of the Human Intestinal Tract 프로젝트를 통해 유럽인의 분변 내 미생물을 분석함으로써 인체 장내 미생물 연구를 진행했다. 이를 통해, 인체의 다양한 기관에 분포하는 미생물의 조성을 분석하고 이들의 변화가 건강과 질병에 미치는 영향을 연구하여 난치병을 치료하는 혁신적인 방안을 수립하고자 도전하고 있다. 또한 인간이 공통적으로 지니고 있는 균총을 분석하고 인종, 연령별, 성별 등에 따라 균총을 색인화하는 작업을 진행하고 있다. 빅데이터를 기반으로 인간에 대한 과학적 이해를 도모하는 이른바 '네오르네상스 시대'가 도래한 것이다.

생물 소재 확보가 차세대 국가 성장동력

2030년경에는 4차 산업혁명과 더불어 경제성장을 이끌 '바이오 경제 시대'로 진입할 것으로 전망하고 있다. 바이오 경제란 바이오 기술을 통해 고령화에 대비하고 질병을 극복하는 등 건강한 삶을 유지하고, 풍요롭고 안전한 먹거리와 쾌적한 환경을 제공하여 인류의 복지와 경제성장을 동시에 달성하는 새로운 패러다임을 의미한다. 그 배경에는 인류의 생존을 위협하는 식량 및 에너지 고갈, 환경 파괴에 따른 기후변화, 각종 감염병의 글로벌 팬데믹 등과 같은 난제를 해결하려면 기존의 화석연료 기반의 성장 중심 경제활동을 대폭 줄여야 한다는 문제의식이 있다. 화석연료를 바탕으로 한 경제활동을 지구 생태계의 재순환을 가능케 하는 바이오 소재 기반 산업으로 대체하는 것이 유일한 해결책이 될 것이다([도표 3-4] 참조).

바이오 소재는 식량, 의약품 및 산업용 물질의 공급 원천으로서 그 확보 여부가 '바이오 격차genetic divide'를 유발하여 산업경제에 막대한 영향력을 미칠 것이다. 그러므로 생물자원 확보가 차세대 국가 성장동력이 될 것이다. 불과 20년 전만 하더라도 바이오 소재의 경제적 가치는 그리 크지 않았다. 그러나 2010년 "생물자원으로 발생하는 이익을 공평하게 공유"하기 위해 각국의 생물자원 주권을 인정하는 〈나고야 의정서ABS〉가 발효되면서 세계 각국이 바이오 소재를 확보, 선점하기 위해 치열한 경쟁을 벌이고 있다.

상대적으로 자원이 풍부하지 못한 국가일수록 천연물 기반 바이오 소재 자국화 및 대체 생산 기술 개발이 필수적이다. 그러지 못하면 바이오 원료 또한 수입에 의존할 수밖에 없다. 생물자원의 해외 의존도가 높은 한국은 화장품, 식품 및 의약품 원료의 80% 이상을 해외로부터 수입하고 있다. 지금부터라도 유용한 바이오 소재를 국가 자원으로

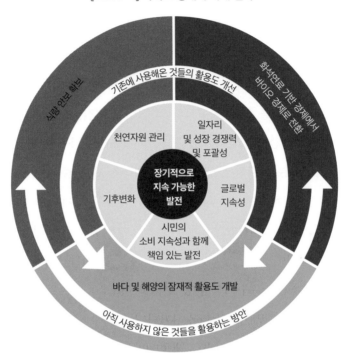

[도표 3-4] 바이오 경제의 미래 전략

장기적으로 지속 가능한 발전

천연자원 관리

일자리 및 성장 경쟁력 및 포괄성

글로벌 지속성

기후변화

시민의 소비 지속성과 함께 책임 있는 발전

식량 안보 확보

기존에 사용해온 것들의 활용도 개선

화석연료 기반 경제에서 바이오 경제로 전환

바다 및 해양의 잠재적 활용도 개발

아직 사용하지 않은 것들을 활용하는 방안

출처: https://www.microbiomesupport.eu/food-2030-and-the-bioeconomy/350-2

만듦으로써 국가 경쟁력을 제고하는 방안이 필요하다.

한편 자원 독립화 관점에서 추가로 고려해볼 수 있는 차세대 기술로는 범용원료(〈나고야의정서〉 보호 자원에서 제외)를 출발 물질로 유용성분(소재)을 제조하는, 시스템 생물학을 기반으로 한 대체 기술이 있다. 현재까지 국내에서는 주로 소품종 대량생산에 유리한 산업소재 분야에서 시스템 생물학 기반 기술에 관심을 보여왔다. 앞으로는 식품, 화장품, 헬스케어 분야에서도 시스템 생물학 기반 기술을 적극적으로 도입할 수 있는 토대를 마련하고 지원할 필요가 있다. 이를 위해 기업의 기초 및 응용기술 개발 부담을 낮출 수 있는 산·학 연계 R&D 지원을 시급히 확대해야 한다.

다음 세대를 위한 R&D 정책을 고민해야

세계 각국은 글로벌 팬데믹으로 인한 국가적 손실을 최소화하면서 최대한 이른 시일 내에 정상적인 상태로 복귀하고자 노력하고 있다. 우리 정부도 2020년 7월 한국형 뉴딜 계획을 발표한 바 있다. 그럼에도 현재 상황이 쉽사리 해결될 것 같지 않다. 따라서 기존의 문제 해결 방식을 넘어서 범국가적 협력 및 연대를 통해 적극적으로 보건의료 현안을 해결하는 것이 매우 중요하다. 한편으로는 미래에도 인류가 안전하고 행복한 삶을 지속할 수 있도록 혁신적인 R&D 정책 방향을 설정해야 한다. 또한 부를 창출하는 방식이 바뀌고 현재와는 전혀 다른 대응 전략이 필요해질 미래 4차산업 시대에 대비할 수 있는 핵심 R&D 기술개발 정책을 진지하게 고민해야 한다.

최근에는 기존 산업과 인공지능, 빅데이터 등 디지털 기술이 융합되면서 산업구조가 급속히 개편되고 있고, 국가 및 기업의 성패를 결정하는 요소로 '혁신의 속도'가 부각되고 있다. 미래 사회를 선도하기 위해서는 과학기술 자체의 발전을 견인하는 미래 유망 기술을 선점해야 한다. 이를 위해 미래 사회 변화를 예측하고 이에 필요한 핵심 기술을 도출할 필요가 있다. 즉 기술 산업 자체의 진보와 발전을 바탕으로 향후 등장할 혁신 기술, 새로운 제품 및 서비스를 창출할 핵심 기술을 탐색 및 발굴해야 한다.

선진국과 달리 우리나라의 R&D 정책은 주로 정부에서 최상위 정책인 '과학기술기본계획'을 제시하여 비전 및 전략을 주도하는 톱다운 **top-down** 방식으로 운영되고 있다. 이를 바탕으로 각 부처에서 과학기술 관련 정책을 수립하고 추진 전략을 세운다. 결국 정부의 정책 비전 및 전략에 부합하는 다분히 정치적이고 사회적인 목적이 부각될 수밖에 없는 구조적 한계가 있다. 이로 인해 추격형 R&D에는 효율적이나 급변하는 미래 사회에 대응하는 혁신적인 기술을 개발하는 데는 그 효율이 떨어질 수밖에 없다. 이를 보완하기 위해서는 정부 차원이 아닌 각 부처에서 다원화된 과학기술 정책을 추진하고, 민간 주도형 R&D를 확대하고, 연구자 중심으로 R&D 제도를 개선할 필요가 있다.

만약 효율성 때문에 기존의 톱다운 방식의 정책 연구를 당장 구조적으로 재편하기 어렵다면 최소한 산업화 성과를 내는 속도에 일희일비하기보다는 충분한 기획 과정을 거쳐 선별된 기술에 중장기적인 관점에서 투자하면서 지식을 공유하는 방향으로 기획하는 것이 국가 R&D 경쟁력을 향상시키는 데 도움이 될 것이다. 즉 시장의 다변화에 효과적으로 대응할 수 있도록 정부 정책 연구는 품목 중심이 아닌 플랫폼 기술 중심으로 더 빠르게 전환해야 하는 시점이다.

정부 R&D 예산 규모는 매년 증가하여 2020년 20조 원을 돌파했다. 다만, 적정 R&D 예산 규모 및 실효성에 대해서는 논쟁이 있는 것이 현실이다. 다가올 4차 산업혁명을 주도하고 미래 제조업 분야에서 경쟁력을 선점할 수 있는 혁신적인 R&D 전략을 세우기 위해서는 의사결정 체계가 유연하고 형식에 얽매이지 않는 매우 효율적인 전략 및 조직이 필요하다. 특히 미래의 생존 위협에 대응하는 식량 안보, 탄소 순환 바이오 경제, 건강하고 행복한 삶 등을 위한 R&D 정책은 짧게는 한 세대, 길게는 100년을 지속시킬 수 있는 기술, 우리 주변 환경과 공존하려는 의식과 격조를 담고 있어야 한다.

2
리쇼어링 온리 아닌 최적 재배치 전략이 필요하다

전병조(여시재 특별연구위원, 전 KB증권 사장)

코로나19가 리쇼어링을 촉진할까?

코로나19로 인해 리쇼어링에 대한 관심이 높아지고 있다. 정부에서도 우리 기업의 리쇼어링을 포스트 코로나 정책의 큰 줄기의 하나로 이야기하고 있다. 리쇼어링이 중요한 정책 어젠다로 자리 잡게 된 배경에는 코로나 이전부터 진행된 국제무역 환경의 변화가 있다. 또한 코로나 사태 이후 그런 변화가 극적인 형태로 나타나고 있기 때문이다. 변화의 핵심은 중국에 지나치게 의존하는 무역구조로 인해 글로벌 공급망의 위험이 높아진 것이다.

중국 의존도가 특히 높은 우리나라는 미중 무역 마찰의 시작과 더불어 충격파를 고스란히 받아들일 수밖에 없었다. 코로나 확산 이후에는 무역은 물론 생산 중단 사태까지 경험하게 되었다. 단순한 저가 부품 하나를 공급받지 못해 생산이 중단되는 일까지 벌어지고 있다.

코로나19 사태 이후 긍정적인 변화도 일어났다. 우리나라의 성공적인 방역은 국내외 기업들에게 글로벌 생산 기지로서의 매력을 각인시켰다. 아울러 우리 기업들에게도 리쇼어링을 하나의 대안으로 다시 생각하게 만들고 있다. 봉쇄 없는 성공적인 방역 덕분에 우리나라는 생산이 중단된 공장들이 다른 나라에 비해 현저히 적었다. 생산 재개 속도도 가장 빨랐다. 자동차는 이미 2020년 2월 초부터 생산이 정상화되기 시작했다. 중국의 생산 중단에 큰 충격을 받은 국가와 기업들은 생산 기지로서 한국을 다시 보게 되었다. 중국이나 동남아 지역에서 저임금 매력이 감소하고 있는 마당에 '세계의 공장'이 보여준 '셧다운 리스크'는 국내외 기업들의 생각을 움직이기에 충분한 것이었다.

코로나바이러스 확산 책임에 대한 논쟁으로 미중 간 무역 갈등은 더 복잡한 양상으로 전개되기 시작했다. 미국은 공개적으로 미국 기업에게 중국에서 철수할 것을 적극 요구하면서 파격적인 지원 정책을 공언하기 시작했으며,[1] 새로운 생산 기지로서 한국 등 기존 동맹국들을 거론하기 시작했다.[2] 급기야 한국이 '첨단산업의 세계 공장'이 될 수도 있으리라는 다소 낙관적인, 성급한 견해도 등장하기 시작했다.[3]

성공적인 방역 성과로 인한 한국의 브랜드 가치 상승은 우리 기업들이 리쇼어링을 적극적으로 고려하는 또 다른 이유가 되고 있다. 많

---

1   미국 정부는 2020년 2월 리쇼어링 기업에 이전 비용을 100% 지원하는 정책을 발표했다.

2   마이크 폼페이오 미국 국무장관은 2020년 4월 29일 "미국 정부는 호주, 인도, 일본, 뉴질랜드, 한국, 베트남 등과 협력해 세계경제를 전진시키기 위해 노력하고 있다"고 언급했다.(출처: http://news.chosun.com/site/data/html_dir/2020/05/06/2020050600104.html)

3   장 폴 로드리그(Jean-Paul Rodrigue) 호프스트라 대학 교수.(출처: <중앙일보> "코로나 이후 한국은 '첨단 제품 세계 공장'이 된다", 2020년 4월 20일 기사)

[표 3-1] 코로나 확산 이후 글로벌 완성차 업체 공장 중단율

구분	공장 소재국	공장 수	중단	중단율
GM	8개국	38개	34개	89.5%
다임러(벤츠)	10개국	27개	24개	88.9%
BMW	8개국	11개	9개	81.8%
폭스바겐	8개국	26개	16개	61.5%
현대기아차	6개국	17개	6개	35.3%

출처: 한국자동차협회.

은 'K-시리즈'에 'K-방역'이 추가되고, 이제는 'K-경제'까지 거론되는 상황이다. 국가의 브랜드 가치는 생산 입지를 선택하는 데 중요한 요소다. 'Made in Korea'가 'Made in ○○○'보다 더 많이 또는 더 비싼 가격에 팔릴 수 있다면 생산 비용 측면의 불리함을 감수할 수도 있는 것이다. 명품은 가격이 아니라 가치를 보고 사는 것이다. 그간 좋은 제품을 만들고서도 시장을 확장하는 데 어려움을 겪던 우리 기업들로서는 '한국의 브랜드' 가치 상승이 분명 좋은 뉴스임이 틀림없다.

그러나 아직까지는 손 안의 모래와 같다. 기업들이 몇 가지 환경적 요소만 고려하여 리쇼어링을 결정하는 것은 아니다. 여행 떠나듯 기업을 옮길 수는 없다. 어디서 생산할 것인지를 결정하는 것은 무엇을 생산할 것인지를 결정하는 것만큼이나 기업의 운명을 걸어야 하는 중대한 일이다. 실제로 리쇼어링을 포함해서 기업이 생산 입지를 결정하는 데는 다양한 요인들이 복합적으로 작용한다.

리쇼어링을 결정하는 전통적인 요인 외에 새로운 요소가 등장했다. 4차 산업혁명의 기술과 확산이다. 스마트 생산기술(스마트 팩토리)은 지능정보기술을 활용하여 생산성을 획기적으로 끌어올리고 생산단가

[표 3-2] 리쇼어링 요인

Push 요인	Pull 요인
개도국의 임금 인상	정부 세금 인센티브 및 보조금
제품 품질	고객 및 시장 접근성
운송 및 화물 비용	풍부한 고숙련 노동자
재고 비용	브랜드 이미지
제품 이동 시간	기업의 사회적 공헌

출처: Reshoring Initiative, 2017, Data Report, Reshoring Initiative.

를 절감할 수 있도록 하고 있다. 스마트 생산설비를 채용해 해외에서의 생산 이점(저임금, 시장 접근 등)을 충분히 상쇄하는 수준까지 생산비를 절감할 수 있다면 리쇼어링을 촉진할 가능성이 높다.

미국과 독일에서는 스마트 생산기술로 인한 리쇼어링 사례가 늘고 있다([표 3-3] 참고). 개도국의 인건비 상승이 기본적인 동인으로 작용하고 있지만, 스마트 생산기술을 적용한 것이 실제 리쇼어링을 결정하는 데 영향을 미친 것으로 판단된다. 리쇼어링의 실현 가능성을 높인다는 점에서 스마트 생산기술이 정책을 설계하면서 중요하게 고려해야 할 사항이 되었다.

생산 입지 최적 전략의 관점에서 본 리쇼어링 정책

사실 리쇼어링 정책은 우리나라에서는 전혀 새로운 정책이 아니다. 정부 정책 프로그램으로 처음 등장한 것은 2006년 재정경제부가 '기

[표 3-3] 리쇼어링 이후 스마트 공장 도입에 따른 비용 절감 사례

기업	국가	내용
글로벌 파운드리 (Global Foundries)	미국	- 2006년 뉴욕주 몰타에 최신 실리콘 웨이퍼 공장 설립을 조건으로 뉴욕주로부터 공장 설립에 드는 비용 중 14억 달러를 청구비용 보전 형식으로 지급받음
NCR	미국	- 인건비 상승에 대처하기 위해 2010년 주력 제품인 ATM 기기 생산을 중국, 인도, 헝가리에서 조지아주 공장으로 복귀 - NCR의 복귀를 위해 조지아주는 조세 감면 혜택과 1,500만 달러 상당의 고용 및 R&D 보조금, 고용된 인력에 지불되는 임금에 대한 소득공제 혜택 등 제공
아디다스	독일	- 저임금 활용 목적으로 중국 및 베트남에 대다수의 운동화 생산 라인이 있으나, 2017년부터 독일 안스바흐에 스피드 팩토리 설립 - 3D 프린팅, AI 로봇, IoT 기술, 센서 기술 등을 도입해 고객 맞춤형 운동화 생산 기간 단축 및 원가절감 효과 발생
쿠스미(Kusmi)	프랑스	- 원가절감을 위해 중국 및 모로코에 공장을 운영했으나, 프랑스 항구도시 르아브르(Le Harve)로 자사 공장을 이전하는 리쇼어링을 통해 100% 프랑스산 제품임을 강조하는 마케팅 추진 - 공장 자동화를 통해 모로코에서 생산하는 것보다 생산비 절감 중

출처: 정보통신기술진흥센터, 코트라, 조선비즈. NH투자증권 리서치센터 정리.

업환경개선 종합대책[4]을 마련하면서부터다. 정부는 기업 환경을 개선하려는 정책의 일환으로 전반적인 규제 완화 프로그램을 마련하면서 해외 기업 환류 지원 방안(유턴 정책)도 하나로 포함시켰다. 리쇼어링을 직접 지원하는 정책에 치중하기보다는 규제 환경을 전반적으로 개선하여 기업의 투자를 촉진하고 해외로 나간 국내 기업 재유치를 도모한 것이다. 그 이후 정권마다 수차례에 걸쳐 리쇼어링 정책 지원 방안[5]을 확대해왔지만 실제 성과는 기대 이하였다.[6]

유턴 기업 실적이 저조한 데는 정책 지원 부족보다는 우리 기업의

---

4   재정경제부, '기업환경개선 종합대책' 보도자료(2006. 9) 참조. 동 대책에서 "신(新)국제분업화 투자와 국내 기업의 환류투자를 유인하기 위한 적극적인 유인책"을 마련하고 있다.

5   산업자원부, '유턴기업 종합지원대책'(2018. 11. 29).

6   2014년 이후 국내로 복귀한 기업은 69개 사에 불과하다. 연도별로는 2014년 20개, 2015년 3개, 2016년 12개, 2017년 4개, 2018년 9개, 2019년 16개, 2020년 4월까지 5개 등이다.

해외 진출 동기가 현지 시장 진출과 수출 촉진에 있었던 것이 가장 큰 원인이다. 우리 기업들의 해외 진출은 소비 지역과 가까운 지역에 입지하는 이른바 '니어쇼어링Near-Shoring'이 대부분이다.[7] 저임금을 활용할 목적으로 이전한 경우는 7%에 불과했다. 결국 리쇼어링 정책의 대상이 되는 기업의 모집단 자체가 매우 적은 셈이다.

그렇다면 리쇼어링이 소용없다는 것인가? 물론 그렇지는 않다. 리쇼어링을 논의하게 된 배경에는 생산 중단 위험을 관리하면서 미중 무역 갈등과 코로나19 사태로 조성된 새로운 환경을 적극 활용하자는 취지가 있다. 특정 국가 쏠림의 위험성, 변화한 무역 환경(미중 무역 갈등, 자유무역주의 후퇴)에서 오는 불확실성을 통제하면서, 새로이 등장한 긍정적인 기회를 활용하자는 관점에서 리쇼어링이 대두된 것이다.

그러나 위험과 기회를 활용하기 위해서는 리쇼어링에 국한하기보다는 모든 생산 입지 선택지를 종합적으로 감안하는 전략이 필요하다. 해외 기업을 완전 복귀시킨다는 '리쇼어링 온리reshoring only' 식의 접근이 아니라, 생산 입지를 최적화하기 위해 필요하다면 공장의 일부를 국내로 복귀시키는 것과 제3국으로의 이전, 즉 니어쇼어링까지 포함하여 포괄적으로 접근하는 것이 바람직하다.

리쇼어링이라는 화두를 '생산 입지의 최적 배분 전략'의 관점에서 보면, 정책의 지향점이 분명해진다.

첫째, 위험 관리 차원이다. 생산 기지를 특정 국가에 전적으로 유지하는 전략은 위험성이 커지고 있으므로, 생산 기지를 국내와 제3국으

---

7   수출입은행이 최근 5년 동안 기업들의 해외 진출 동기를 조사한 결과, 현지 시장 진출이 71%, 수출 촉진이 13%, 저임금 활용은 7% 등으로 나타났다.

로 분산하는 방식을 고려해야 한다. 분산 방법은 여러 가지다. 현지 공장을 부분적으로 폐쇄하거나 신규 공장을 우리나라나 제3의 국가에 짓는 것도 한 방법이다. 현재의 시장 접근을 유지하면서 분산을 가능하게 하는 토대는 자유무역협정FTA이다. 현재 생산 기지가 있는 국가(예 중국)와 자유무역협정을 체결한 국가로 이전하면 현재의 시장에 접근하는 데 지장이 없다(물론 관련 부품 조달 생태계 부족, 물류비 증가 등 다양한 제약 요인이 발생할 수는 있다). 예를 들어 중국은 ASEAN과 FTA를 체결한 상태다. 중국에 있는 공장을 일부 이전하거나 신규 투자를 ASEAN 국가로 적절히 분산하더라도 중국 시장 접근을 유지하면서 위험을 분산시킬 수 있다. 마찬가지로 한중 FTA가 체결되어 있으므로 우리나라도 분산 이전의 대상이 될 수 있다. 이 경우 리쇼어링이 실제로 발생하는 것이다. 이러한 형태의 부분적인 유턴도 정책 지원의 대상이 되어야 함은 물론이다. 리쇼어링 정책을 세울 때 이런 부분을 놓쳐서는 안 된다.

둘째, 미중 무역 갈등에서 비롯된 위험과 기회를 새롭게 활용하는 전략이다. 미중 무역 협상 타결에 따른 무역전환효과trade diversion[8]로 향후 우리나라의 대중국 수출은 감소할 것이다. 이에 대응하는 방안 중 하나가 바로 미국으로 생산 입지를 일부 또는 전부 이전하는 것이다. 지금까지 중국에 진출한 한국 기업들은 한국에서 중간재를 수입하여 최종재를 생산, 미국으로 수출해왔다. 이제는 미국에 진출하여 현지법인을 설립하고 한국에서 중간재를 도입, 대중국 수출상품을 생산하는

---

8 미중 무역 협상 1차 타결 결과, 중국이 앞으로 2년간 미국산 제품을 2017년보다 2,000억 달러어치를 더 수입하기로 합의함에 따라 우리나라의 대중국 수출은 감소할 것으로 예상된다.

전략을 고려할 필요가 있다. 무역의 흐름을 미국 중심으로 재구성하는 것이다. 미국 현지법인에서 대중국 수출이 원활하게 이루어진다면 한국의 중간재 수출을 종전과 같은 수준으로 유지할 수 있을 뿐 아니라 기업 전체의 수익성을 높일 수 있다. 이런 전략을 실행한다면 추가로 진행될 미중 무역 협상이 미국에 유리하게 전개될수록 우리 기업은 중간재 수출을 오히려 늘릴 수 있다.

마지막으로, 최소 생산 시설을 한국에 유지하는 것이다. 미중 무역 갈등과 코로나19 위기가 일깨워준 교훈 중 하나는, 기업의 리스크를 축소하기 위해서는 최소한의 생산 기반을 본국에 유지해야 한다는 것이다. 핵심 산업이나 필수 물품, 특히 소재-부품-장비(소부장)의 경우는 말할 것도 없다. 기본적인 의료물품이나 장비를 국내 생산 없이 대부분 중국에 의존하는 경우 얼마나 황망한 결과를 낳을 수 있는지 여러 선진국들이 지금 바로 경험하고 있다. 최소 생산 시설을 유지하는 것은 효율성을 떠나 안전과 직결된 문제인 것이다. 이런 측면의 대비가 충분하지 않은 기업들은 기존 공장을 모두 복귀시키지는 않더라도 부분적으로라도 국내 생산 기반 구축에 나설 것으로 예상된다. 다만, 이런 투자는 리쇼어링 정책 대상으로 지원하기 어려운 측면이 있다. 일반 투자와 구분하기 힘들기 때문이다. 하지만 정부는 전략 생산 차원에서 지원 방안을 강구할 필요가 있다.

리쇼어링을 적극적으로 주장하는 또 다른 이유는 국내 일자리를 창출하는 데 효과가 있다는 생각 때문이다. 미국 행정부는 리쇼어링을 일자리 창출과 연계하여 강조해왔고, 우리나라도 별반 다르지 않다. 그러나 진실은 조금 다르다. 실제로는 리쇼어링이든 해외 생산 확대든 어느 것도 일자리 창출 여부가 명확하지 않다. 해외 진출 기업이 늘어나도 일자리가 증가할 수 있고, 리쇼어링이 일어나도 해외 생산과 수출 증가로 일자리가 오히려 줄어들 수 있다. 국내 일자리 창출에 중요한 것은 해외 진출의 증가든 리쇼어링이든 그로 인해 국내 투자가 얼마나 증가하는지 여부다. 해외 진출 기업이 증가하더라도 우리의 중간재 수출과 투자가 증가하면 국내 고용이 늘어나게 된다.

생산 입지 최적 전략에 따라 한편으로는 리쇼어링이 일어나고, 다른 한편으로는 제3국으로 니어쇼어링이 일어날 것이다. 최적 배분이 이루어진다는 것은 기업이 위험을 적절한 수준에서 관리하면서 새로운 기회를 활용하게 된다는 것을 의미한다. 이는 기업 가치 상승으로 이어진다. 이것은 결국 수출과 투자 확대, 일자리 창출로 이어질 것이다. 물론 배분 결과에 따라 늘어나는 일자리의 성격과 종류가 달라질 수 있다. 리쇼어링이 늘어나면 직접적인 생산부문 인력이 증가할 것이지만, 니어쇼어링이 증가하면 국내 중간재 산업과 제조 관련 서비스산업(개발, 마케팅, 브랜드 등)의 일자리가 늘어날 것이다.

사실 대기업들은 별로 문제될 것이 없다. 대기업들은 이미 그런 방향으로 움직여왔다. 상황에 따라 기업이 요청하면 정부가 대응하면 된다. 문제는 일부 중견기업과 대부분의 중소기업들이다. 최적 재배치 전략에 따라 이들에게 정책적 지원을 집중해야 한다.

3

코로나19 이후 산업기술 지형의 변화와 주요 과제

정은미(산업연구원 선임연구위원, 성장동력산업연구본부장)

코로나19, 비대면 산업과 플랫폼 경제를 촉진

코로나19의 팬데믹화는 디지털 전환에 따라 예상되던 비대면 제품과 서비스 소비가 급증하는 계기가 되었다. 2020년 1월 2,000만 명에 불과하던 화상회의 시스템인 줌Zoom의 이용자는 4월 초에 2억 명을 넘어섰으며, 보안에 대한 여러 문제제기에도 불구하고 6월에는 3억 명을 돌파했다. 줌은 화상회의에서 원격근무로 서비스 범위를 확대하더니 최근에는 디바이스까지 사업 영역을 넓혔다. 급격한 이용자 확대로 줌은 단기간 내에 기술적 측면이나 서비스 방식에서 시행착오를 거듭하면서 완성도를 높였고 비대면 비즈니스 시장에 선제적으로 안착한 대표 사례가 되었다.

2020년 4월 한국과학기술기획평가원KISTEP은 포스트 코로나 시대 유망 기술로 디지털 치료제, AI 기반 실시간 질병 진단 기술, 실시간 생체 정보 측정·분석 기술, 실감형 교육을 위한 가상·증강현실 기술, 대용량 통신기술, 개인 맞춤형 모빌리티, 배송용 자율주행로봇, 협동로봇, 인수공통감염병 통합 관리 기술, 드론 기반 3차원 영상화 기술, 화상보안 통신기술, 동형 암호 이용 동선 추적 시스템을 선정했다. 개발 단계 혹은 상용화 초기인 기술들이라 상용화에 불확실성이 높고, 초기 시장 창출의 어려움으로 인해 제품화에 오랜 기간이 걸려 실생활에는 10년 혹은 20년 이후에나 적용될 것으로 보았지만 코로나19로 예상보다 빠르게 시장에 출현할 것으로 본 것이다.

코로나19가 확산되면서 미국의 실업자는 2020년 4월에 1,000만 명에서 6월 4,000만 명을 훌쩍 넘어서는 기록을 세웠다. 반면 온라인 배송 서비스를 하는 인스타카트Instacart가 30만 명, 아마존Amazon이 18만 명 고용을 늘렸다. 이는 코로나19가 소비와 생활 패턴을 변화시키고 그러한 변화가 산업구조와 고용에 단기간에도 엄청난 구조적 영향을 미칠 수 있다는 것을 보여준다. 우리나라도 의약품, 전자제품, 가공식품, 정보통신 서비스 분야의 고용이 늘어났다. 여기에 K-방역이라는 브랜드를 얻은 덕분에 새로운 진단 및 치료 기기의 수출이 늘어났으며, 5G 등 비대면 제품, 가공식품 등 홈코노미 제품이 가세하면서 비대면, 건강, 스마트, 프리미엄, 콘텐츠 융합 제품이 코로나 시대 유망 산업의 핵심어가 되고 있다.

더욱 중요한 것은 서비스와 제조업의 융합이 가속화한다는 것이며, 일하고 생활하는 방식이 바뀌면서 제품을 소비하는 형태가 변화한다는 점이다. 대량 물류 및 유통 부문이 침체하면서 철강, 정유, 내연자동차, 기계, 섬유 등의 제품도 소비가 위축되는 등 주력 산업군에서도 변화가 나타나고 있다.

ABCI[1] 기술을 바탕으로 한 디지털 전환은 그동안 시장이 형성되지 않아 비즈니스 모델을 만들기 어려웠다. 특히 사회 구성원 간의 이해가 충돌하는 탓에 기술적 가능성과는 별개로 진행 속도가 예상보다 느렸다. 그러나 코로나19는 단기간에 대전환Great Transformation을 일으키며 사회적 수용성을 높이는 계기가 되었다. 이미 주요 기업들은 생산 방식의 변화와 아울러 원격근무 혹은 재택근무를 상시적으로 운용하는 방법을 강구하고 있다. 감염병이 야기한 위험이 산업과 경제는 물론 사회질서까지 변화시키고 있는 것이다.

글로벌 가치 사슬의 변화와 산업 지형의 재편을 가속화하다

산업과 경제 측면에서 코로나19는 글로벌 가치 사슬의 재편을 가속화하고 있다. 일부 국가의 생산과 교역 측면에서의 지연 혹은 중단이 글로벌 가치 사슬Global Value Chain을 통해 전 세계로 파급·전이되면서 전 세계를 충격에 빠뜨릴 수 있다는 것을 확인했기 때문이다. 정치·군사적 위험 이외에도 생물학적 위험, 국가별 대응 수준과 불확실성이 글로벌 가치 사슬에서 비용이나 시장 이외에 중요한 고려 요인으로 등장하면서 각국은 자국의 전략 부문 공급망과 자국 내 생산기반을 서둘러서 구축하고 있다.

이에 따라 글로벌 공급망이 지역별 혹은 국내 공급망이 강화되는

---

1 인공지능(A), 빅데이터(B), 클라우드(C), 사물인터넷(I)을 통칭하는 약어.

방향으로 변화될 것이라는 예상이 나오고 있다. 미국은 기존에 추진하던 신제조업Advanced Manufacturing으로의 전환을 서두르고 있으며, EU도 '유럽 우선주의European First'를 표방하면서 기술주권technology sovereignty 확립과 리쇼어링을 모색하고 있다. 일본도 리쇼어링을 추진하는 자국 기업들에 대해 파격적인 지원을 시작했다. 우리나라도 리쇼어링을 적극 추진한다는 계획을 내놓고 있다.

그러나 모든 산업에서 자국 내 산업 생태계의 완결성을 추구하는 것은 가능하지도 않고 바람직하지도 않다. 인건비나 비용 절감을 목표로 해외로 생산 기지를 옮긴 기업들은 비용을 보조한다면 생산 기지 이전이 가능하지만, 시장을 목표로 진출한 기업들은 비용을 보조한다고 해도 돌아오기 어렵다. 특히 제조업 생산의 70% 정도를 수출에 의존하는 우리나라가 정부 개입 및 규제 강화와 동시에 추진되는 보호무역주의 혹은 경제민족주의에 편승하는 것은 어불성설이다. 지금도 미국을 중심으로 하는 주요 국가들이 자국 내 수요를 무기로 현지 생산을 요구하고 중간재의 원산지 비율을 높이라고 요구하는 상황에서 우리만을 생각하고 국산화율을 높이겠다는 것은 근시안적이다. 그보다는 우리에게 핵심적인 것을 구분하고 글로벌 가치 사슬에서 우리의 장점과 역량을 극대화하는 전략적인 접근이 필요하다.

한편 가치 사슬상의 모든 단계를 국내에 구축하는 것은 아무나 할수 있는 것은 아니다. 자본과 전문 인력이 있어야 하고 필수적인 기술과 전후방 산업 생태계가 구축되어야 하기 때문이다. 이와 관련하여 지리경제학자 장 폴 로드리그Jean Paul Rodrigue는 "향후 글로벌 경제의 이중구조화가 예상되는데, 생필품의 국산화와 함께 첨단제품의 글로벌

화는 유지될 것"이라고 보고 있다. 그리고 한국이 포스트 코로나 시대에 첨단제품의 세계 공장이 될 것이라는 언급도 덧붙였다.

로드리그 교수는 주요한 이유로 투명성과 신뢰라는 새로운 자산을 언급했지만 여기에서 나아가 우리는 IT, 바이오 같은 첨단산업뿐만 아니라 기계, 전기전자, 소재 부품과 같은 기반산업에서 글로벌 경쟁 우위를 구축하고 있으며, 다양한 산업 생태계를 갖고 있다. 또한 우수한 인적자원과 축적된 과학기술 투자 기반도 한몫할 수 있을 것이다. 따라서 우수한 사업 환경과 효과적인 투자, 무역을 통한 시장 자유화와 접근성 확대, 기술을 활용한 연결성 개선을 통해 불확실성으로 인한 비용을 저감할 수 있다면 글로벌 시장을 선도하는 한국 산업의 첨단화가 가능할 것이다.

코로나19 시대, 한국이 나아가야 할 방향과 주요 과제

서서히 확산되던 디지털 전환이 포스트 코로나 시대에는 소비 측면뿐만 아니라 생산과 교역 측면에서도 구체적인 변화를 일으키면서 가속화할 것이다. 그리고 이러한 디지털 전환은 기존의 패러다임을 완전히 새로운 패러다임으로 재편할 것이므로 우리는 이의 속성을 잘 이해하고 대응해야 한다.

산업과 경제 측면에서는 포스트 코로나 시대에 성장 산업과 유망 기술을 성장 동력으로 만들기 위해 국내 생산 기반과 연계하여 성장 기회를 포착하는 것이 중요하다. 이를 위해서는 기존의 제조 기반에 더하여 온라인 기반 비즈니스 인프라를 확충해야 하며, 비대면 산업과 원격 서비스 기반의 비즈니스 모델을 발굴하고 선제적으로 사업화해야 한다. 그러면 안정적인 생산 기반을 바탕으로 글로벌 시장을 목표로 하는 전략을 추구할 수 있다.

우리나라는 또한 빠르게 전환되는 유연함과 역동성을 자랑하는 국가 중 하나다. 나아가 국내 산업의 포트폴리오가 다양해서 산업 생태계가 잘 구축되어 있다. 따라서 코로나19에 대응하는 과정에서 우리의 혁신 역량을 높이는 데 중점을 두어야 하며, 디지털 전환에 대비해 데이터를 효과적으로 활용하고 확산시키기 위한 제도를 서둘러 설계해야 한다.

감염병뿐만 아니라 고령화, 만성질환에 대응하는 바이오 헬스 분야 의료장비 및 서비스 분야의 산업화에도 관심을 기울여야 한다. 항바이러스와 건강에 대한 관심이 높아지면서 수요가 늘어날 것으로 예상되는 바이오 메디컬 섬유, 의료용 소재, 공기정화, 건강 가전 등 헬스케어 관련 제품의 국내 생산 역량을 강화해야 한다. 아울러 재택근무 확대와 생활방식의 변화로 스마트가전, 가정식 대체 식품Home Meal Replacement 등의 수요도 늘어날 것으로 전망된다. 이처럼 경험 소비에 따라 시장이 확대되는 분야에서 글로벌 시장에 진입하기 위해서는 기술, 생산, 디자인, 서비스, 마케팅 등 다각적인 접근이 필요하다.

비대면 비즈니스의 성장에 대응하려면 디지털 콘텐츠와 애플리케이션, 스마트홈 서비스, 통신 인프라 등 제조와 서비스를 효과적으로 결합시켜야 한다. 온-오프라인이 결합된 체험적 마케팅 플랫폼을 구축하고 온라인 기반 비즈니스 역량을 높여야 한다. 비대면 사업이 활성화되면서 수요가 증가하고 있는 반도체, 바이오, 디스플레이, 통신기기 등 기간산업에서도 조속히 신제품 생산 기반을 마련해야 한다. 이러한 과정에서 유의해야 할 점은 특정 제품이나 산업에 치중하기보다는 기존 기반을 활용하고 융합할 필요가 있다는 것이다.

4

디지털 경제 강국을 향하여
- 디지털 대도약을 위한 4대 방향과 15가지 프로젝트

전병조(여시재 특별연구위원, 전 KB증권 사장)

코로나19는 우리에게 기회가 될 수 있을까?

코로나19에 대한 우리 정부의 대응이 효율적이라는 평가는 우리 내부보다 해외에서 나왔다. 신속한 진단과 추적을 바탕으로 한 방역 역량은 이미 세계 표준으로 자리 잡았다. 세련된 IT 경제와 효율적인 의료 시스템의 면모를 보여주었다. 재난지원금 지급도 엄청나게 빠른 속도로 완결했다. 세계 최고 수준의 IT 시스템과 지급결제 시스템 덕분에 가능했던 결과이자, 그동안 쌓아온 혁신 역량을 전 세계에 과시한 성과라 할 수 있다.

우리는 어떤 나라가 도장 찍는 로봇을 개발할 때 도장을 없애버렸다. 어떤 나라가 고속열차 개찰구를 자동화할 때 우리는 개찰구 자체를 없애버렸다. '급이 다른 혁신'을 해온 것이다.

그렇다고 앞으로 이어질 포스트 코로나19에 대한 대처에서도 우리가 남들보다 앞서가리라고 안심할 수 있을까? 지금의 이 상황은 언제, 어떻게 끝날지 아무도 모른다. 코로나19 방역 과정이 우리 역량을 새롭게 자각하게 만들고, 그 과정에서 새로운 기회를 인식하게 한 것은 사실이다. 하지만 생존과 발전의 새로운 동력을 찾는 계기로 만드는 것은 다른 문제다.

정부는 팬데믹 이후 디지털 뉴딜과 그린 뉴딜을 새로운 전략으로 채택했다. 이 두 뉴딜 정책은 경기 경착륙을 막는 단기 경기 활성화 대책인 동시에 전염병을 계기로 찾아온 기회를 새로운 발전 동력으로 활용하기 위한 전략이다. 팬데믹 이후 투자자들이 자본시장을 통해 보여주고 있는 산업 지형의 변화에도 부합한다.

디지털-바이오 기업의 성장세가 뚜렷한 세계 주식시장

〈파이낸셜타임스〉는 최근 코로나 이후 세계 증시에서 시가총액이 크게 증가한 산업군에 대한 조사 결과를 발표했다. 비대면 디지털산업과 바이오산업의 성장세가 뚜렷하게 나타났다. 2020년 상반기까지 시가총액이 10억 달러 이상 증가한 기업을 산업별로 분류해본 결과, 디지털 관련 산업과 바이오 기업들의 시가총액이 얼마나 급격히 증가했는지 확인할 수 있다.

우리나라에서도 디지털산업과 바이오산업의 신장세가 확연하다. [표 3-4]는 지난 10년간 KOSPI 시가총액 10위권 기업의 변화를 보여준다. 10년 사이 디지털 기업과 바이오 기업이 10위권에 대거 진입했다.

[도표 3-5] <파이낸셜타임스> 선정 팬데믹 속 100대 승자 기업

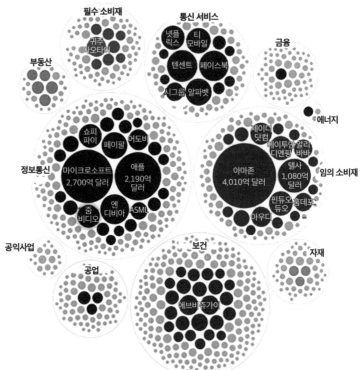

출처: Capital IQ

[표 3-4] KOSPI 시총 상위 기업의 변화

1999년 말 KOSPI 시가총액 상위 기업			현재 KOSPI 시가총액 상위 기업		
순위	기업명	시가총액(10억 원)	순위	기업명	시가총액(10억 원)
1	KT	55,833	1	삼성전자	300,877
2	삼성전자	39,857	2	SK하이닉스	61,079
3	SK텔레콤	33,926	3	삼성바이오로직스	40,427
4	한국전력	22,524	4	NAVER	39,505
5	POSCO	12,060	5	셀트리온	28,472
6	SK하이닉스	8,409	6	LG화학	27,425
7	삼성전기	5,629	7	삼성SDI	24,686
8	KT&G	4,793	8	카카오	23,248
9	현대차	3,752	9	LG생활건강	21,631
10	LG	3,504	10	현대차	20,769

디지털 경제 성공 여부가 10년 뒤 경제 순위 바꾼다

디지털 경제는 경제적 부가가치에 얼마나 큰 영향을 미칠까? 경영 컨설팅 기업 맥킨지는 디지털 경제의 잠재적 부가가치 규모를 13조 달러로 추정했다([도표 3-6]). 영국에 본사를 둔 다국적 컨설팅 기업 PwC는 15.7조 달러로 추정했다. 종합하면 최소 13조 달러 규모의 부가가치가 기존의 경제성장 궤적에 추가된다는 것이다. 2018년 세계 GDP는 약 80조 달러, 그중 중국이 12.24조 달러였다. 디지털 경제의 잠재력이 중국 경제가 하나 더 생기는 것보다 큰 것이다. 각국이 새로 창출되는 부가가치를 얼마나 차지하는지에 따라 2030년의 경제 순위가 크게 달라질 것이다.

'디지털 GDP', 10년 뒤 어떤 나라가 도약할까?

과연 어떤 나라가 10년 뒤 상위권으로 도약할 수 있을까? 이에 대한 답을 미리 가늠할 수 있는 지표들이 있다. 미국 터프츠 대학 연구팀은 각국의 디지털 역량을 데이터 경제 역량 측면에서 측정한 '총데이터생산Gross Data Product'이라는 지표를 창안했다.(필자는 기존의 GDP와 달리 '디지털 GDP' 또는 'd-GDP'로 구분하여 별칭하고자 한다.)[1] 이 지표로 볼 때 우리나라는 20개국 중 5위 수준으로 측정된다. 인구 대국인 중국과 미국이 상위권을 차지하지만, 인구가 비교적 적은 영국, 스위스와 함께 한국이 5위권에 포진하고 있다는 사실은 상당히 고무적이다. '총데이

---

[1] 총데이터생산 개념을 창안한 터프츠 대학 연구팀은 이를 '새로운 GDP'라고 부른다.

[도표 3-6] 세계 디지털 경제 규모 전망

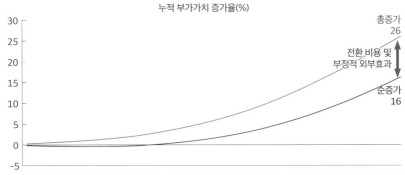

AI의 잠재적 경제 효과
누적 부가가치 증가율(%)

참고: 기재된 수치는 전망치가 아닌 시뮬레이션 결괏값임   출처: 맥킨지 글로벌 연구소

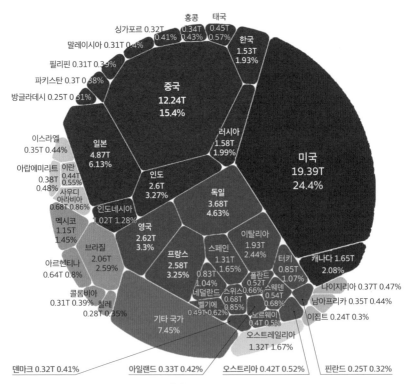

2017년 국가별 GDP 순위(단위: T=1조 달러)

출처: https://howmuch.net/articles/the-world-economy-2017
http://databank.worldbank.org/data/download/GDP.pdf

이터생산', 즉 '디지털 GDP'는 [표 3-5]에서 보는 바와 같이 인구 규모가 클수록 높게 측정되는 경향이 있어 미국이나 중국 같은 인구 대국의 디지털 GDP가 높게 측정되는 것은 당연하다.

[표 3-5] 디지털 GDP 개념과 한국의 순위

총데이터생산(Gross Data Product)
: 한 국가의 종합적인 디지털 역량을 측정하는 새로운 지표
미국 터프츠 대학 연구팀(바스카르 차크라보티 교수)이 최초로 개발

총데이터생산은 4가지 요소로 측정

Volume: 한 국가의 브로드밴드(broadband) 소비 총량
Usage: 인터넷 사용자 수
Accessibility: 데이터 흐름(data flow)에 대한 접근성
Complexity: 1인당 브로드밴드 소비량

1	미국	6	프랑스	11	일본	16	이탈리아
2	영국	7	캐나다	12	뉴질랜드	17	포르투갈
3	중국	8	스웨덴	13	독일	18	멕시코
4	스위스	9	오스트리아	14	스페인	19	아르헨티나
5	한국	10	체코	15	아일랜드	20	칠레

진짜 실력을 가늠하려면 질적 지표에 주목할 필요가 있다. 지표 중 Accessibility(데이터 흐름에 대한 접근성)와 Complexity(1인당 고속 데이터 통신망 소비량)를 비교하면 한국은 미국, 스위스와 함께 3위권 안으로 성큼 진입하게 된다.([도표 3-7] 참조)

잠재력은 그 자체가 성과는 아니며, 성과로 이어진다는 보장도 없다. 그럴 가능성이 있다는 것뿐이다. 결과는 실천으로 옮길 수 있는 역량에 달려 있다. 치열한 경쟁과 주변국의 견제, 방해 속에서 성과를 만

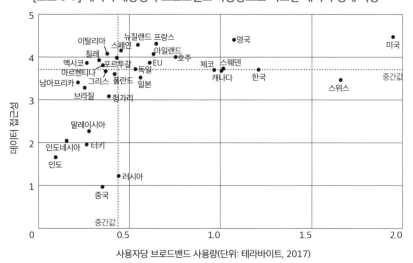

[도표 3-7] 데이터 개방성과 브로드밴드 사용량으로 비교한 데이터 경제 역량

*EU는 12개 유로존 국가와 유럽 인구의 약 81%를 포함함

출처: (자료) 유로모니터, 시스코, 국제전기통신연합, 글로벌 오픈 데이터 인덱스(GODI)/열린정부파트너십
(OGP), 국가정보자유위원회(CNI); (정리) 터프츠 대학 플레처스쿨, 마스터카드.

들어내야 한다. 잠재력을 실제 성과로 만들기 위해서는 기술적 기반과
함께 이러한 역량을 잘 엮어낼 혁신 노력과 정책 프로그램이 필요하다.

우리는 이미 혁신 역량과 기술 기반을 보유하고 있다

우리는 데이터 경제 잠재력을 실현할 기술적 역량을 갖추고 있을
까? 기술 역량을 판단하는 잣대는 여러 가지가 있을 수 있다. 비관적
인 관점에서 볼 수도 있고 낙관적인 관점에서 볼 수도 있다. 지나치게
낙관하는 것도 비관하는 것만큼 폐해가 있다. 지나치게 비관하면 기술
수입을 선호하는 잘못된 정책을 양산할 수 있다. 거꾸로 지나치게 낙
관하면 기대한 결과를 얻기 힘들 수도 있다.

기술 기반을 판단할 때는 혁신과 기술 성과의 상호작용을 동태적으로 파악하는 관점이 중요하다. 혁신 노력은 일종의 '투입'으로, 기술 수준은 그런 투입의 '결과'로 비유할 수 있다. 혁신이 지속적으로 이루어지는 한 디지털 역량을 실천하는 기술 기반은 지속적으로 확장될 것이다.

한국의 혁신 역량은 어떤 수준일까? 우리나라의 혁신에 대한 관심과 투자는 세계적 수준이다. 여러 지표가 발표되고 있고 상반된 결과를 보여주는 지표들도 있지만, 블룸버그와 EU 혁신지수 모두 장기간 1위 또는 2위 수준을 유지해왔다([도표 3-8], [표 3-6] 참조). 다른 많은 요인 중에서 가장 근저에 있는 요인은 제조업 경쟁력이다. 최근 중국의 제조업 경쟁력 신장으로 다소 하락세에 있지만, 우리나라의 제조업 경쟁력은 유엔산업개발기구**UNIDO, United Nations Industrial Development Organization** 기준으로 4위권을 유지하고 있다([표 3-7] 참조).

[도표 3-8] EU 혁신지수

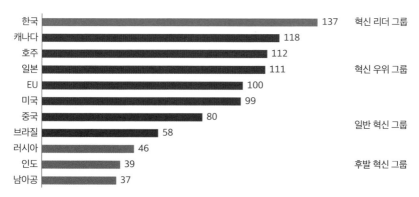

그래프 작성 참고: European Commission, European Innovation Scoreboard 2019, 2019. 6.
*혁신 성과는 2018년도 EU 평균값을 기준으로 한 상댓값으로 환산하여 표시.

[표 3-6] 블룸버그 혁신지수(5년간 순위 변화)

순위	2016	2017	2018	2019	2020
1	한국	한국	한국	한국	독일 ▲
2	독일	스웨덴	스웨덴	독일	한국 ▼
3	스웨덴	독일	싱가포르	핀란드	싱가포르 ▲
4	일본	스위스	독일	스위스	스위스 –
5	스위스	핀란드	스위스	이스라엘	스웨덴 ▲
6	싱가포르	싱가포르	일본	싱가포르	이스라엘 ▼
7	핀란드	일본	핀란드	스웨덴	핀란드 ▼
8	미국	덴마크	덴마크	미국	덴마크 ▲
9	덴마크	미국	프랑스	일본	미국 ▼
10	프랑스	이스라엘	이스라엘	프랑스	프랑스 –

[표 3-7] 제조업 경쟁력 지수

순위	국가
1	독일
2	일본
3	중국
4	한국
5	미국
6	아일랜드
7	스위스
8	벨기에
9	이탈리아
10	네덜란드

출처: UNIDO Competitive Industrial Performance 2019

디지털 경제 역량과 직접 관련 있는 기술은 인공지능-빅데이터AI-Big Data 기술이다. 이것을 판단하는 잣대 또한 여럿이 있을 수 있지만, 대체로 우리나라는 선진국과 비슷한 수준을 유지하고 있는 것으로 판단

된다([표 3-8] 참조). 또한 최근 정책적으로 인공지능기술 역량을 강화하려는 관심이 고조되고 있는 점을 감안할 때 다소 미흡한 전문 인력 양성 부분도 조만간 성과를 낼 것으로 전망된다([도표 3-9] 참조).

[표 3-8] 2019 한국 인공지능 분야 수준 글로벌 지표

지표명		1위 국가 / 데이터 값	한국 데이터 값(순위)
특허등록(합계)		중국 1,351건	497건(3위/7개국)
음성인식 특허등록		미국 211건	63건(3위/7개국)
컴퓨터 비전 특허등록		중국 166건	13건(3위/7개국)
자연어 처리 특허등록		미국 47건	5건(3위/7개국)
특허 점유율		중국 47.3%	17.4%(3위/7개국)
논문 등록 합계		중국 440건	37건(6위/7개국)
음성인식 논문 수		미국 180건	23건(6위/7개국)
컴퓨터 비전 논문 수		중국 241건	14건(5위/7개국)
자연어 처리 논문 수		미국 82건	0건(7위/7개국)
대학교·대학원 수		캐나다 55곳	0곳(5위/7개국)
Kaggle 상위 랭커		미국 27명	1명(8위/8개국)
시장 규모		미국 766.5백만 달러	47.6백만 달러(5위/7개국)
분야별 시장 규모	미디어 & 광고	미국 193.4백만 달러	12백만 달러(5위/7개국)
	금융	미국 182.6백만 달러	12.8백만 달러(5위/7개국)
	유통	미국 106.8백만 달러	6.3백만 달러(5위/7개국)
	헬스케어	미국 110.9백만 달러	7.2백만 달러(5위/7개국)
	교통	미국 82.1백만 달러	5.4백만 달러(5위/7개국)
	농업	미국 38.7백만 달러	1.7백만 달러(5위/7개국)
	법률	미국 17.7백만 달러	0.04백만 달러(6위/7개국)
	오일 & 가스	미국 20.7백만 달러	1.3백만 달러(6위/7개국)
	기타	미국 13.4백만 달러	0.3백만 달러(6위/7개국)
인공지능 기업 수		미국 2,028개	26개(8위/8개국)
인공지능 스타트업 수		미국 1,393개	465개(2위/8개국)
규제 샌드박스		캐나다 29건	0건(3위/4개국)

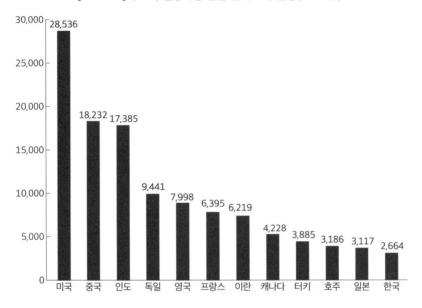

[도표 3-9] 주요국 인공지능 관련 인재 보유 현황(2018년)

충분한 혁신 역량과 기술 기반은 우리가 추진하는 '디지털 경제 전략'의 성공 가능성을 낙관적으로 바라보게 한다. 이를 위해서 잘 짜인 '디지털 뉴딜 정책 프로그램과 프로젝트'를 발굴할 필요가 있다. '디지털 뉴딜'의 궁극적인 지향점과 목표는 디지털 경제 경쟁력을 확고히 함으로써 10년 뒤 우리 경제의 '디지털 GDP' 순위를 끌어올리는 것이다. 나아가 이러한 정책 프로그램이 '뉴딜'로서 의미를 더하기 위해서는 '투자와 고용'을 획기적으로 유발하는 단기적 성과도 낼 수 있어야 한다.

센서산업과 우주산업 경쟁력 제고해야

디지털 경제는 그 자체만으로는 성장·발전하는 데 한계가 있다. 앞서 강조한 바와 같이, 제조업의 경쟁력이 뒷받침되지 못하면 디지털 경제 발전과 그로 인한 전후방 산업 연관 효과는 매우 제약될 수밖에 없다. 제조업 이외에도 디지털 경제의 발전을 위해서는 센서산업과 항공우주산업의 기술 발전과 성장을 가속화해야 한다.

센서는 '빛, 전기, 열 등의 물리량을 전기적 신호로 변환'하는 소자 또는 복수의 소자를 말한다. 빅데이터와 인공지능을 주축으로 하는 데이터 경제의 뿌리 산업이며, 4차 산업과 관련된 모든 하드웨어·소프트웨어 기술을 구현하는 기초가 된다. 빅데이터를 생산하는 원천은 '플랫폼과 센서' 두 가지로 단순화할 수 있다. 센서산업은 규모 면에서도 미래 신성장 산업이 될 수 있는 충분한 잠재력을 갖추고 있다. 센서 산업 규모는 2017년 1,378억 달러에서 2023년 2,834억 달러로 연평균 30% 정도씩 성장할 것으로 예상된다. 몇 년 후면 메모리 반도체 산업과 맞먹는 규모가 되는 것이다.

아쉽게도 우리나라 센서산업의 경쟁력은 경쟁국에 비해 매우 미흡한 수준에 머물러 있다. 한국의 센서산업 기술 수준은 선도국의 60~70% 수준이고, 센서 자급률도 일부를 제외(이미지 센서 50%, 광학 센서 10%)하고는 매우 낮은 수준에 머물러 있다.[2] 센서산업의 경쟁력을 높이기 위한 기술 개발 노력을 가속화해야 할 것이다.

---

2   CHO Alliance, 《IoT 시대에 주목받는 스마트 센서 유망 분야 시장전망과 개발 동향》, 2015.

5G 경쟁은 이제 시작이다

우리나라는 세계 최초로 5G 통신기술을 상용화함으로써 디지털 경제 선도국의 지위를 선점했다. 그러나 아직 승부가 판가름 난 것은 아니다. 단지 지상 기반 통신 인프라 분야에서 앞섰을 뿐이다. 아직 바다, 고공(우주 포함), 수중, 거대 사막 지역 등 지상처럼 중계기를 설치할 수 없는 지역에서는 5G도 무용지물이기 때문이다. 6G 통신기술 개발 경쟁도 벌써부터 치열하게 전개되고 있지만, 비非지상통신NTN 기반을 확보하지 못하면, 디지털 통신 선도국의 지위는 곧바로 상실하게 될 것이다. 비지상통신의 핵심은 저궤도 위성이다. 저궤도 위성은 지상 500~2,000km 고도의 위성을 말한다.([도표 3-10] 참조) 저궤도 위성을 통한 통신 중개가 가능해지면 바다, 10km 이상 고공, 광역 사막 지대 등 지금까지 통신이 불가능했던 사각지대까지 커버할 수 있다.

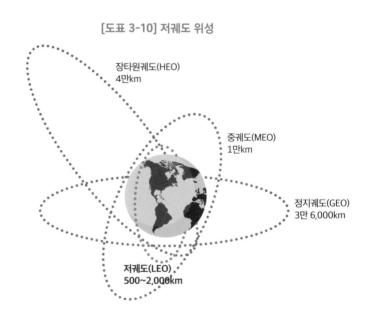

[도표 3-10] 저궤도 위성

미국 등 위성기술 선도국은 비지상통신 인프라를 선점하기 위해 민간 차원에서 선제적인 대규모 투자를 진행하고 있다. 미국 민간 우주 탐사기업 '스페이스 X'의 스타링크Starlink 프로젝트[3]가 대표적이다. 스페이스 X는 2020년 말까지 550km 상공을 회전하는 약 1,500기에 달하는 소형 위성군을 통해 북미 지역을 대상으로 위성 인터넷 서비스를 제공할 예정이다. 2024년까지 모두 1만 2,000여 개의 위성을 이용해 전 세계를 대상으로 통신 서비스를 제공하는 것을 목표로 하고 있다.

우리나라의 위성 분야 경쟁력은 어느 정도 수준일까? 위성 자체 제작 역량은 세계 7위 수준으로 선도국에 비해 크게 낮은 수준은 아니지만, 발사체 부분은 한국의 특수한 국제정치적 제약[4]으로 상당히 뒤처진 것으로 평가받고 있다. 특히 경제성 측면에서 유리한 '고체 연료 발사체' 역량을 확보하는 데 노력을 기울여야 할 것으로 보인다.

기업형 벤처 캐피털 조기 허용하고 빅데이터 자유교환협정 체결해야

디지털 뉴딜 프로젝트를 성공적으로 실행하고 이를 장기적으로 디지털 경제의 생태계 발전으로 연결시키기 위해서는 여러 가지 정책적인 노력을 병행해야 한다.

---

3 김학용, "위성인터넷을 준비해야 할 때", <전기신문> 2020년 3월 9일.

4 <한미 미사일 양해각서>에 따라 우리나라는 미사일의 사거리와 고체 연료 미사일 개발이 제약받고 있다. 그러나 2020년 들어 한미 정부가 우리 민간·상업용 고체 연료 우주발사체의 추진력과 사거리 제한을 해제하는 내용의 <한미 미사일 지침> 개정을 논의하고 있는 것으로 알려졌다. 이주원 기자, "한국형 우주발사체 고체 연료 엔진 개발 길 열리나", <서울신문> 2020년 1월 30일.

첫째, 디지털 거버넌스를 재정비해야 한다. 디지털 정책은 어느 특정 부처 소관이 아니라 여러 부처가 관련된 융합 정책이다. 과기정통부의 소관 사항을 넘어선 영역들이 등장하고 있다. 이런 경향은 앞으로 초연결과 융합 경향이 심화될수록 더욱 확대될 것으로 전망된다. 디지털 정책을 효율적으로 총괄하기 위해서는 정부 조직을 재설계하는 방안을 고민해야 한다.

둘째, 혁신 창업 생태계를 지속적으로 발전시켜야 한다. 혁신 투자가 활발하게 지속되지 않는 한 디지털 경제가 지속적으로 발전할 수 없음은 자명하다. 최근 정부의 적극적인 노력으로 혁신 투자가 물량 면에서 큰 성과를 이루고 있지만, 아직도 개선해야 할 점이 많다. 특히 초기 벤처 투자 미흡, 회수 시장의 미진, 모험 자본 중개 기관 역할 부재 등 다양한 숙제들이 있다.[5] 이러한 과제를 해결하기 위해서 '기업형 벤처 캐피털CVC, Corporate Venture Capital' 조기 허용과 활성화, '벤처금융 전문 투자은행 설립' 등을 적극적으로 검토할 필요가 있다.

셋째, 빅데이터 자유교환협정FDTA, Free Data Trade Agreement을 추진해야 한다. 데이터 경제의 잠재적 역량은 디지털 기술뿐 아니라 디지털 인구의 규모에도 큰 영향을 받는다. 디지털 기술 수준은 높지만 인구가 적은 나라들은 빅데이터를 일정한 규칙에 따라 상호 교환하는 국제 협력, 즉 '빅데이터 자유교환협정'을 통해 빅데이터 역량을 보완, 강화할 수 있다. FDTA는 양자 간 또는 다자간 추진이 가능하다. 빅데이터 교환은 개인정보, 국가 민감 정보를 교환하는 것을 의미한다는 점에서

---

5   전병조, "혁신기업금융 전문 투자은행을 설립하자!"(2020. 1. 6), 여시재 <주간 인사이트> 참조.

상호 신뢰를 구축해야 원활한 논의가 가능할 것으로 전망된다. 데이터 교환에 대한 우려를 불식하는 차원에서 '신뢰가 구축된 소국가들' 간 양자 또는 다자간 추진이 실현 가능성을 높일 것이다. FDTA를 선제적으로 제안하고 논의를 주도하는 것은 우리나라의 디지털 경쟁력을 높이는 매우 중요한 계기가 될 것이다. 특히 '빅데이터 거래소' 설치와 FDTA를 선제적으로 추진한다면 우리나라가 세계 빅데이터 거래의 중심 국가로 발전하는 계기를 마련할 수 있다.

넷째, 디지털 공적개발원조ODA를 강화해야 한다. 디지털 경제 강국이 되기 위해서는 디지털 수출시장을 확대하려는 노력이 필요하다. 디지털 수출시장을 확보하기 위한 선도국들의 노력이 점차 가시화되고 있다. 특히 미국은 2018년 국제개발금융공사DFC를 새로이 출범시켰다.[6] DFC는 중국의 일대일로 정책을 견제하면서 미국의 디지털 수출시장 확보를 위한 전략적 투자기관으로서 목표를 분명히 하였다. DFC는 모든 인프라 시장에서 미국 기업의 투자 활성화를 지원하지만, 중국이 아닌 지역에 5G 통신장비를 투자하는 국가를 적극 지원하는 데 더 큰 중점을 두고 있다. 우리나라는 미국, 중국 등이 공격적으로 디지털 인프라 시장을 선점하려는 움직임에 맞서 더 적극적으로 대응할 필요가 있다. 우리나라의 공적개발원조의 중점을 디지털 인프라 분야로 옮길 필요가 있다. 현재 우리나라의 공적개발원조 중 IT 또는 디지털 분야는 10% 내외에 불과하다([도표 3-11] 참조).

---

6 전병조, "새로운 개발협력 금융체제를 구축하자"(2020. 6. 10), 여시재 <주간 인사이트> 참조.

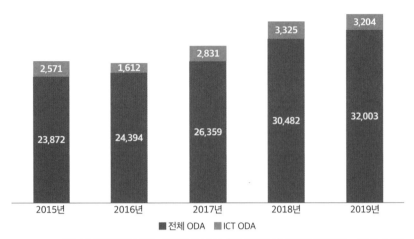

[도표 3-11] 한국의 ICT ODA 사업 현황

	2015년	2016년	2017년	2018년	2019년
ICT ODA	2,571	1,612	2,831	3,325	3,204
전체 ODA	23,872	24,394	26,359	30,482	32,003

■ 전체 ODA ■ ICT ODA

출처: 정보통신산업진흥원, <한국의 ICT ODA 사업 현황 및 신남방국가 지원방안>, 2019. 8. 20.

디지털 뉴딜 15대 중점 프로젝트

[표 3-9]는 2020년에 정부가 디지털 뉴딜로서 고려할 만한 15개 프로그램/프로젝트를 제시한 것이다. 전체적인 구도와 개략적인 의미만 살펴보겠다.[7]

디지털 인프라는 편의상 디지털 경제의 가장 핵심적인 분야를 데이터 경제, 지식경제, 정부 행정, 스마트 라이프, 스마트 경제 그리고 통신 인프라 등 6개 분야로 나누었다. 데이터 경제 관련 프로젝트로는 공공 빅데이터센터 설립, 빅데이터 거래소 설립, 그리고 국토 디지털 트윈 프로젝트를 제시했다. 공공 빅데이터센터는 공공 부문에서 생산되는 다양한 빅데이터를 단일의 관리체계로 통합하여 이용의 편의성

---

7 개별 프로젝트별 상세한 설명은 민주당 국회의원 당선인 워크숍 발표자료 참조. 전병조, <디지털 뉴딜 정책의 방향과 정책과제>, 2020. 5. 17.

[표 3-9] 디지털 뉴딜 중점사업 제안(15대 사업)

데이터 경제	공공 부문 빅데이터 센터	빅데이터거래소	국토디지털트윈
지식 경제/교육	국가AI지식망	가상 학교/대학	중소기업 AI-빅데이터 지원센터
정부 행정	블록체인 기반 e-거버먼트	지능화 기반 안전관리 시스템	전기차 인프라
스마트 라이프	스마트 돌봄 서비스	지역 기반 비대면 의료	분산형 에너지 시스템
스마트 경제	스마트 공장	스마트 농업/양식	스마트시티
통신 인프라	5G	6G	저궤도 위성

을 높이는 데 그 목적이 있다. 구체적인 조직 형태는 '빅데이터청廳' 또는 '빅데이터 공사' 모두 가능하다고 본다.

빅데이터 거래소는 민간이 보유한 빅데이터를 보유자와 이용자가 유상거래를 통해 서로 교환·이용하는 플랫폼을 의미한다. '금융 빅데이터 거래소'가 2020년 5월 출범했다. 아직은 참여 기업이 일부 금융기관과 통신사 위주로 국한되어 빅데이터 거래가 활성화되지 못하고 있다. 특정 산업 영역에 국한하지 않고 모든 산업군을 포함시킨다면 빅데이터 거래가 좀 더 활성화될 것으로 보인다. 따라서 전 산업을 포괄하는 빅데이터 거래소의 설립을 고려해야 한다.

디지털 트윈을 조기 구축하기 위해 공간 정보 전문 인력 육성해야

국토 디지털 트윈은 공간 정보에 관한 빅데이터를 생산하는 원천이 된다. 오래전부터 국토부와 국토 관련 연구 기관이 국토 디지털 관련 프로젝트에 착수하여 현재까지 진행하고 있다. 지상은 물론 지하, 대규모 실내 공간에 대한 디지털 트윈이 완성될 경우 국토의 관리, 계획, 재난 방지 등 많은 영역에서 혁신을 유발하는 중요한 디지털 인프라가 될 것이다. 디지털 뉴딜 정책에서 투자와 고용 증진을 위한 프로젝트로서 우선적으로 고려할 만한 충분한 이유가 있는 프로젝트이기도 하다. 국토 디지털 트윈을 비교적 단기간에 완성하는 것을 목표로 삼을 경우 대규모의 공간 정보 전문 인력과 보조 인력이 반드시 필요하다.

블록체인 기반 전자정부를 구축해야

정부 행정 관련 디지털 인프라로서 가장 중요한 것은 '블록체인 기반 전자정부' 구축 사업이다. 무결성integrity과 보안성이 뛰어난 블록체인 기술은 행정 서비스를 획기적으로 혁신할 수 있으며, 관련 민간 산업에 연쇄적인 혁신을 유도할 수 있다. 블록체인 기술은 우선 모든 신분증을 디지털화하고 공적·사적 거래 단계를 단순화하고 투명화하면서도 보안성과 무결성을 보장할 수 있다. 블록체인 기술은 재산권 관련 거래, 모든 인허가 행정, 증명(신분, 재산) 관련 확인 행정, 조세 공과금 부과·징수 행정, 보조금, 지원금 등 급부행정 등 많은 행정 분야에 활용할 수 있다.

지식경제와 교육 관련 프로젝트로는 국가 AI 지식망, 가상 학교/대학, 중소기업 AI-빅데이터 지원센터 등이 있다. 국가 AI 지식망은 우리나라 도서관에서 소장하고 있는 각종 도서자료, 정부기관 보유 보존문서, 연구자료 등을 디지털 자산으로 전환하는 것과 도서관을 가상공간에서 모두 통합하는 것을 핵심 요소로 하는 프로젝트다. 모든 도서자료와 행정 보존 문서들을 디지털 자산으로 전환하여 온라인으로 검색할 수 있게 함으로써 가상공간에 '온 국민이 자유롭게 활용하는 지식망'을 구축하는 프로젝트다. 더욱이 모든 도서관을 가상공간으로 통합하여 모든 국민이 하나의 디지털 신분증ID으로 자료 검색과 온라인 구독·검색이 가능하다. AI 기반 검색엔진을 구축하면 국가 AI 지식망을 효율적으로 이용할 수 있을 것이다.

AI 빅데이터센터 만들어 중소기업 지원해야

국가 AI 지식망은 가상 학교/대학을 실현 가능하게 하는 연관 디지털 인프라가 된다. 중소기업 AI-빅데이터 지원센터는 자체 인력이나 재원이 충분하지 못한 중소기업들이 디지털 경제에서 소외되지 않도록 빅데이터 활용을 지원하는 프로젝트다. 이러한 지원센터는 단기적으로도 AI-빅데이터 관련 인력의 고용을 촉진할 것으로 보인다.

스마트 라이프 관련 프로젝트로는 스마트 돌봄 서비스와 지역 기반 비대면 의료 서비스를 제안한다. 스마트 경제 관련 프로젝트로는 스마트 공장, 스마트 농업/양식업, 스마트시티, 전기차 인프라 구축, 분산형 에너지 시스템 구축 등이 있다. 이들 프로젝트들은 미래 데이터 경제를 뒷받침하는 디지털 인프라로서 중요할 뿐 아니라, 고용과 투자를 유발하는 측면에서 효과가 큰 프로젝트이기에 뉴딜 프로젝트로 제안한 것이다.

5

스마트시티가 미래 핵심 산업이다

조대연(국토교통과학기술진흥원 스마트시티 혁신성장동력사업단장) · 여시재 미래산업연구팀

코로나19와 스마트시티

2020년, 코로나19 팬데믹이라는 전례 없는 위기 앞에서 인류는 대도시의 취약점으로 인해 새로운 도전과 혁신이라는 과제를 맞닥뜨렸다. 팬데믹을 겪으며 '모여 사는 것 자체가 위험해진 사회'라는 인식이 생겨났다. 감염병이 일상인 도시를 사고의 전제로 해야 할지 모른다. 우리가 생각했던 것보다 더 빨리 '도시' 자체를 고민해야 하는 상황이 되어가고 있다. 도시의 형태와 공간구조의 변화가 코로나19로 인해 더욱 가속화될 가능성이 커진 것이다.

인터넷, 모바일 통신수단의 발달, 빅데이터와 인공지능 등 과학기술의 발전은 도시문제를 해결하는 데 가장 중요한 요인으로 부각돼왔다. 그동안 디지털시티, 인텔리전트시티, 콤팩트시티, 네트워크시티로 혼재해오던 과학기술에 근거한 새로운 도시 개념은 '스마트시티'로 집

약되었다. 스마트시티는 지속 가능한 미래 도시 모델이자, 대한민국의 핵심 미래 산업으로 떠오르고 있다.

스마트시티란 무엇일까. 스마트시티의 정의에 대해서는 여러 의견이 제시되고 있다. 영국 표준규격협회BSI, British Standard Institution는 "도시 환경Built Environment에 물리적 시스템, 디지털 및 인간 시스템을 효과적으로 통합하여 시민들에게 지속 가능하고 성장하는 미래를 보장할 수 있는 도시"로 정의하고 있다. 미국의 스마트시티위원회Smart Cities Council에서는 "정보통신기술을 사용하여 도시민의 거주성, 작업성과 지속 가능성을 향상시키는 도시"로 정의하고 있다. 우리나라는 스마트도시법(2015)에서 "도시의 경쟁력과 삶의 질의 향상을 위하여 건설 · 정보통신기술 등을 융복합하여 건설된 도시기반시설을 바탕으로 다양한 서비스를 제공하는 지속 가능한 도시"로 정의하고 있다. 시민 중심의 미래 지향적인 정의로는 보이드 코언Boyd Cohen의 "도시의 효율성을 높이고 통합된 접근방식으로 도시 운영과 시민들의 삶의 질 향상과 지역경제의 성장을 포함하는 도시"를 꼽을 수 있다. 스마트시티는 완성형이 아니며 미래에도 계속 진화해갈 것이다.

스마트시티를 구축하려는 세계 각국의 노력

세계 많은 도시들은 각 도시의 고유한 맥락Context를 중시하면서 도시를 스마트시티로 전환할 수 있도록 다양한 시도를 하고 있다. 도시계획가들은 미래 지향적이면서도 실제로 구현 가능한 방향을 모색하고 있고, 도시의 재정적 여건, 인프라 환경, 정책 수단, 서비스, 혁신적

[표 3-10] 스마트시티 구성 요소 및 조성 단계

구분	기술·인프라	제도	인적자원
기반요소	• 기술 융복합(Integration)	• 거버넌스(Governance) 기반	• 혁신성(Creativity) 기반
세부 요소 예시	• 물리적 기반시설(도로, 교량) • 정보통신 기반시설(통신망 등) • 사물인터넷, 인공지능, 빅데이터 등 정보통신 기술 • 플랫폼 등 시스템	• 부처 간 적극적 협업 • 정책 및 제도 • 정부 투명성 • 정책 결정에서 시민 참여 확대 • 민관 협력	• 창의적 교육 • 혁신적 직업 • 개방적 마인드 • 민간 부문의 적극적 참여 • 집단지성 • 스타트업 기업
단계	• 스마트시티 구축 단계	• 스마트시티 운영 단계	• 스마트시티 성장 단계

출처: 국토연구원, <스마트시티 구축과 교통부문 대응전략>, 2017. 2.

인 거버넌스와 자원 관리 모델을 결합하여 도시 생태계를 조성하는 데 초점을 두고 있다.

각 대륙마다 도시의 성장 단계, 기술적 여건, 경제발전 단계, 시민의 성숙도 등에 따라 다양한 형태의 스마트시티를 구축하려고 시도하고 있다. 유럽은 지속 가능한 도시의 모델로서 바르셀로나, 암스테르담을 포함하여 각 도시의 정체성과 정책 방향에 따라서 차별화된 접근을 하고 있다. 미국은 최근 기술적인 발전과 함께 더욱 획기적이고 혁신적인 기술을 수용할 수 있는 도시 모델에 방점을 두면서 포용적인 도시의 모습을 지향하고 있다. 반면에 아시아와 같은 신흥국은 기술혁신과 경제발전을 동시에 추구하면서 도시 경쟁력을 확보하는 데 초점을 두고 있다.

스위스의 IMD 비즈니스스쿨에서 가장 스마트한 도시로 선정한 싱가포르는 버추얼 싱가포르Virtual Singapore 전략 등을 통해 디지털 트윈 digital twin 기술을 세계 최초로 추진하는 등 지속적으로 혁신을 선도해왔다. 2020년 현재도 4년 동안 17억 5,000만 달러를 투입하는 재정

사업을 진행하고 있다. 새로운 기술을 채택하는 중소기업들에 비용의 70%를 지원하는 생산성 솔루션 보조금을 지급하고 있고, 2만 7,000명 이상의 디지털 기술 인력 확보를 추진하고 있다.

일본 도요타 자동차가 2020년 1월 국제전자제품박람회CES에서 발표한 '우븐시티Woven City'는 기존 공장 부지를 미래 도시로 탈바꿈시키겠다는 계획이다. 자율, 로봇, 모빌리티, 스마트홈, AI 기술을 개발할 풀타임 거주자와 연구원들의 주거지로 활용할 예정이다. 수소연료전지로 구동되며, 도시 시설물이 완전히 연결되는 도시다. 도요타 아키오 사장은 이 도시를 가리켜 '처음부터 완전한 도시', '미래 기술을 개발할 유일한 기회'라고 했다.

시민 참여형 스마트시티의 대표 주자라고 할 수 있는 암스테르담은 스마트시티 관련 리빙랩Living Lab[1]을 300곳 이상 운영하고 있다. 암스테르담 대학 응용과학부와 파트너 관계를 맺고 스마트시티 아카데미 설립까지 추진 중이다.

바르셀로나는 IoT 시스템을 이용하여 수자원 관리에 들어가는 비용 중 5,800만 달러를 이미 감축했다. 또한 스마트 주차 시스템 등에서 4만 7,000개의 일자리를 창출했다. 현재 단일 접속으로 전체 도시를 관리할 수 있는 시스템을 구축 중이다. 기술을 통해 도시를 혁신하고 운영 관리를 효율화한 선도적 모델이다.

미국의 콜럼버스는 미 연방정부가 선정한 미국을 대표하는 스마트시티다. 콜럼버스는 2015년 스마트시티 챌린지 사업에 지원한 도시

---

[1] 지역의 문제를 해결하기 위해 사용자가 직접 참여하는 개방형 연구실.

80곳 중에서 선정된 도시로, 연방정부는 스마트모빌리티를 구축하기 위한 프로그램에 4,000만 달러를 지원했다. 콜롬버스는 전기차 군집 주행, 충전 인프라, 알파벳Alphabet Inc. 자회사인 사이드워크랩스Sidewalk Labs와 교통 솔루션 등을 개발하는 데 9,000만 달러의 투자를 유치했다. 또 이를 포함해 지금까지 오하이오주 정부를 비롯한 투자자들로부터 5억 달러의 투자를 유치했다.

그렇다면 한국은 어디까지 왔을까? 우리나라는 2004년부터 행정, 교통, 안전 등의 서비스를 시간과 장소에 관계없이 제공하는 유비쿼터스 도시(U-시티) 조성을 추진했다. 송도와 동탄이 대표적이다. 2008년 세계 최초로 유비쿼터스 도시법을 제정했다. 신도시를 중심으로 70곳이 넘는 도시가 U-시티 기본 인프라와 솔루션을 확보했다. 그러나 새로운 서비스 발굴 및 기존 도시로의 확산이 부족한 상황이다.

2017년 기존 유비쿼터스 도시법을 스마트도시법으로 개편했다. 4차산업혁명위 산하에 스마트시티특별위원회를 신설하고, 국가스마트시티위원회도 현장 전문가 중심으로 새롭게 구성했다. 2018년 1월에는 성장 단계별 스마트시티의 맞춤형 조성과 확산을 목표로 하는 추진 전략을 발표했다. 세종 5-1 생활권역, 부산 에코델타시티 등 국가시범도시 두 곳은 융복합 신기술 개발을 위한 테스트베드 역할을 하게 될 전망이다.

이 프로젝트를 추진하는 과정에서 작은 성과도 있었다. 코로나19 방역 과정에서 데이터허브 시스템이 역학조사 시간을 획기적으로 단축하는 데 기여했다. 데이터허브 기술로 28개 기관을 연계해서 얻은 빅데이터를 활용하여 확진자 동선, 대규모 발병 지역 등을 실시간 분석하고 확진자에 한해 정보 수집 및 개인정보 관리를 할 수 있게 했다. 덕분에 확진자 동선 분석에 소요되는 시간을 당초 24시간에서 10분으로 단축할 수 있었다.

[표 3-11] 국내 스마트시티 발전 단계

	1단계(~2013)	2단계(2014~2017)	3단계(2018~)
목표	건설·정보통신산업 융복합형 신성장 육성	저비용 고효율 서비스	도시문제 해결 혁신 생태계 육성
정보	수직적 데이터 통합	수평적 데이터 통합	다자간·양방향
플랫폼	폐쇄형(Silo 타입)	폐쇄형 + 개방형	폐쇄형 + 개방형(확장)
제도	U-City법 제1차 U-City종합계획	U-City법 제2차 U-City종합계획	스마트도시법, 4차산업위 스마트시티 추진 전략
주체	중앙정부(국토부) 중심	중앙정부(개별) + 지자체(일부)	중앙정부(협업) + 지자체(확대)
대상	신도시(165만m² 이상)	신도시 + 기존 도시(일부)	신도시 + 기존 도시(확대)
사업	통합운영센터, 통신망 등 물리적 인프라 구축	공공 통합 플랫폼 구축 및 호환성 확보, 규격화 추진	국가시범도시 조성 다양한 공모사업 추진

스마트시티 발전을 위한 과제

스마트시티는 교통, 에너지, 생활 등 파급효과가 큰 성장 동력이며, 향후 10년간 가장 빠른 성장이 예상되는 시장이다. 전 세계적으로 스마트시티 시장 규모는 연평균 18.4%씩 성장하여 2023년 약 692조 원 규모가 될 것으로 전망된다.[LG CNS 스마트시티사업추진단, 글로벌 스마트시티 투자 규모 전망(2010-2030년)] 이와 동시에 스마트시티는 에너지, 교통, 의료, 주거 등이 융복합된 미래의 핵심 수출 아이템이다. 도시에서 발생하는 다양한 문제를 해결하고 극복하는 과정에서, 디지털 산업에는 시장을, 기존 산업에는 새로운 혁신 기회를 제공할 것이다. 특히 코로나 이후 언택트 기술이 보편화되면서 스마트시티와 관련된 AI 및 디지털 기술이 빠르게 적용되고, 비즈니스 창출도 가속화될 것으로 예상된다.

[표 3-12] 글로벌 스마트시티 추진 효과

시간과 편의	출퇴근 시간 ▼ 15~20% 정부 및 의료와의 상호작용 시간 ▼ 45~65%
안전	사망자 ▼ 8~10% 범죄 예방 ▼ 30~40% 응급 대응 시간 ▼ 20~35%
생계비	지출 ▼ 1~3%
직업	정규직 ▲ 1~3%
사회적 유대감과 시민 참여	지역 유대감 ▲ 15% 지방정부 ▲ 25%
환경	온실가스 배출량 ▼ 10~15% 물 소비량 ▼ 20~30% 재활용되지 않는 폐기물 ▼ 10~20%
건강	질병 발생률 ▼ 8~15%

출처: McKinsey, 2018.

그렇다면 스마트시티 발전을 위해 우리가 추진해야 할 과제는 무엇일까?

첫째, 디지털 트윈 구축이다. 디지털 트윈은 실제 건물, 물체, 환경 등의 현실을 가상 디지털 공간에 동일하게 표현하고 서로 연결하여 상호작용이 가능하도록 하는 가상화 기술로, 이미 스마트팩토리, 물류 인프라, 에너지, 건강/의료, 자동차/항공 등 다양한 산업 분야에서 활용하고 있다. 디지털 트윈을 구축하면 가상의 공간에서 일어날 수 있는 상황을 시뮬레이션하고 실시간으로 모니터링함으로써 운영과 관리, 계획의 효율성을 높일 수 있다.

싱가포르는 버추얼 싱가포르 프로젝트를 통해 디지털 트윈 기술을 최초로 추진, 도시 가상화 모델을 구축했다. 자연 지형부터 물리적 시설물, 도시 관리 및 서비스, 사이버 인프라 등 도시의 모든 구성 요소를 가상으로 구현하고, 3차원으로 시각화했다. 디지털 트윈을 구축하면 도시의 현황을 파악하고 도시를 체계적이고 효율적으로 운영할 수 있다. 또한 복잡하고 다양한 도시 내 문제들을 예측하여 사전에 최적의 솔루션을 마련하고 문제 발생 시 적시에 대응하여 피해를 최소화할 수 있다.

디지털 트윈을 구축하면 3D를 넘어서 가상현실VR과 증강현실AR을 활용한 세밀한 시뮬레이션이 가능하다. 특히 사고 및 재난 방지, 안보 상황 대처를 위해서 디지털 트윈 적용은 필수적이다. 물리적 시설물에 IoT 센서를 설치하여 실시간으로 안전도 점검할 수 있다.

당장 추진해야 할 스마트 과제로서 개별 도시, 광역, 국토 단위별로 디지털 트윈을 구축하고, 해당 단위들을 모아 하나의 거대한 시스템의 총합체로서 디지털 트윈을 구축하는 방안을 마련할 필요가 있으며, 이를 뒷받침하는 거대한 데이터클러스터도 필요하다.

둘째, 기술 융복합 기반 요소 개발을 가속화해야 한다. 특히 물리적 시설이면서 도시가 원활히 기능하는 데 반드시 필요한 요소인 교통, 에너지, 물(정수 처리)의 디지털 인프라를 선제적으로 구축해야 한다. 모빌리티 혁명은 대도시 교통난을 해소함과 동시에 이동 거리 단축을 가능하게 한다. 더 나아가 주행 중인 차량과 도로를 연계하여 정보를 공유하고, 데이터 분석을 통해 교통 흐름을 예측할 수 있다.

5G, AI, IoT 등 4차 산업혁명 기술을 활용하여 교통신호와 도로를 디지털로 연계하면 도심 내 자율주행을 활성화할 수 있다. 그뿐만 아니라 차량이 주행하면서 전기에너지를 만들어 도로에 저장하고, 그 저장된 에너지로 도로를 달리는 자동차를 충전할 수도 있다.

국토교통부는 2019년 미래 도로상을 반영한 '도로 기술개발 전략안'을 수립한 바 있다. 이를 통해 ① 안전하고 ② 편리하고 ③ 경제적이고 ④ 친환경 도로를 만드는 것을 목표로 기술 연구 개발을 진행하고 있다.

세계 속 주요 선진국도 인간의 이동성을 강화하고 안전하고 편리한 도로 인프라를 유지 관리하는 것을 넘어서서 양적, 질적 성장을 위해 많은 노력을 하고 있다. 미국 연방정부 교통부는 2017년 미국 교통 분야의 2045년 시나리오와 인프라 정책 방향을 담은 〈교통을 넘어Beyond Traffic 2045〉라는 보고서를 발표한 바 있다. 일본도 모든 인프라에 대한 장수명화長壽命化 계획을 2020년 안으로 수립하는 것을 목표로 하고 있다.

스마트시티 내에 스마트 도로를 선제적으로 구축한다면, MaaS 개념을 실현할 수 있다. MaaS란 'Mobility as a Sercive'의 축약어로 모빌리티를 통합된 서비스로 제공한다는 의미다. 개인의 차량을 대신하여 도심 내에서 제공하는 대중 모빌리티를 통해 이동이 가능하고 교통 혼잡, 주차 문제, 이산화탄소 배출 감소 등 도시를 지속 불가능하게 만드는 문제를 해결할 수 있다.

최근에는 드론택시를 이용한 차세대 교통수단을 놓고 각국이 치열한 경쟁을 벌이고 있다. UAMUrban Aviation Mobility이라고도 불리는, 도시 내에서 소규모 인원을 태우고 드론과 같이 저고도로 비행하면서 자율주행도 가능한 차세대 이동수단이 주목을 받고 있다. 수소연료전지를 이용하면 300km까지 비행이 가능하며, 도심지 내 교통 혼잡이 심할 경우 편리한 이동수단으로 활용할 수 있을 것으로 예상되어 글로벌 자동차 기업과 항공사들이 관심을 쏟고 있다. UAM도 향후 스마트시티에서 중요한 모빌리티로 편입될 것으로 예상된다.

셋째, 확장형 스마트시티 디지털 플랫폼을 적용할 필요가 있다. 스마트시티를 실현하려면 무엇보다 도시의 물리적인 구성 요소와 서비스를 생성하기 위한 시스템을 먼저 구축해야 한다. 스마트시티의 디지털 플랫폼은 도시 서비스와 시스템, 실제와 가상공간 등을 연결하는 게이트 역할을 한다. 해당 플랫폼을 구축하면 이를 통해 정부, 민간, 시민, 기업 등 다양한 구성원들이 연결되어 데이터가 모이고, 이러한 데이터가 도시 운영과 발전에 도움을 준다. 따라서 디지털 플랫폼은 함께 만들어가는 스마트시티를 가능케 하는 가장 기본적인 요소다.

스마트시티에서 데이터의 중요성은 아무리 강조해도 지나치지 않다. 그리고 데이터를 효과적으로 생성, 수집, 활용하려면 철저한 대비가 필요하며, 특히 생성과 활용 과정에서는 공공부문과 민간기업의 역할을 명확히 구분해야 한다. AI를 활용한 데이터 자동분석을 통해 스마트시티 정책의 예측 역량과 분석 역량을 강화시키는 것도 대단히 중요하다.

플랫폼은 물리적인 시설물에서 발생한 신호와 데이터를 처리하고 정보로서 가공하여 활용하는 부분에서 핵심적인 요소라고 할 수 있다. 플랫폼의 형태는 기술적인 환경에 따라 다양해지며, 기능적인 요소에 따라서 복잡한 계층화와 모듈화 과정을 거치게 된다. 에너지 관리, 교통, 주차, 긴급 안전관리, 유틸리티 등 모든 시스템이 연결되어 상호작용하게 된다.

정부는 2007년부터 본격화된 스마트시티 국가연구개발사업을 통해 2022년까지 도시통합 플랫폼을 108개 지자체에 보급할 예정이다. 도시 운영에 적용할 때 무엇보다 중요한 것은 확장 가능한 개방형 플랫폼이어야 한다는 것이다. 다양한 구성원들이 참여하는 형태인 만큼 플랫폼에서 정보를 획득하기 쉽고 플랫폼에 대한 민간의 제안도 활발히 이루어지도록 해야 한다. 오픈 API(Open API, Open Application Programming Interface)를 통해 누구나 다양한 서비스와 어플리케이션을 개발하여 플랫폼과 서비스가 자가 확장될 수 있도록 하는 것이 핵심이다.

넷째, 시산학市産學 중심의 리빙랩 사업을 추진해야 한다. 스마트시티를 성공적으로 구축하려면 무엇보다도 각 영역 간의 밀접한 협력과 소통이 중요하다. 공공과 민간 부문의 협력, 시민과 공동체의 참여, 각 사일로 간의 협력 등 다양한 협력이 중요하며, 리빙랩, 해커톤Hackathon[2] 등을 통해 현실적인 도시문제를 해결하기 위한 다양한 노력을 병행해야 한다. 그중에서도 리빙랩은 도시 거주 시민들의 삶의 질을 향상하는 데 주효한 사업이다.

해외에서도 리빙랩을 적용하여 스마트시티를 구축하고 있다. 대표적인 예가 네덜란드 암스테르담, 핀란드 헬싱키, 덴마크 코펜하겐 등이다. 국가마다 특히 국가와 도시의 상황(인프라 구축 정도, 문화적 요소, 지리적 상황 등)에 따라 리빙랩을 적용하는 방식에 차이가 있다.

리빙랩을 추진하는 과정에서는 개방형을 중심으로 한 공유와 상호 간 지속적인 피드백이 중요하다. 그리고 민관 등 다양한 이해관계자들이 유기적인 파트너십을 구축하고 각 주체 간 역할이 명확해야 한다.

우리나라도 지자체를 중심으로 리빙랩에 많은 관심을 기울이고 있지만, 장기적 로드맵에 따라 진행하기보다는 단기 일회성 사업에 그치고 있으며, 이 또한 여전히 지지부진한 상황이다. 시민 중심의 지자체, 기업, 연구기관의 시산학 협력을 중심으로 한 데이터 기반의 리빙랩 사업을 추진할 필요가 있다.

마지막으로, 수출 지원 전담 기구의 설립을 제안한다. 정부는 현재 인도네시아의 새 행정수도에 한국형 스마트시티 모델 수출을 추진하고 있다. 이를 위해 행정중심복합도시건설청 내에 '수도 이전 사업 지

---

2 해킹(hacking)과 마라톤(marathon)의 합성어로 한정된 기간 안에 기획자, 개발자, 디자이너 등이 팀을 구성해 아이디어를 도출하고, 이러한 아이디어를 바탕으로 앱, 웹 서비스 또는 비즈니스 모델을 완성하는 행사를 말한다.

[표 3-13] 리빙랩 각국 사례

도시	리빙랩 방식	주요 내용
네덜란드 암스테르담	온라인 플랫폼 기반의 민간 주도 형태 시민 필요에 의한 프로젝트 오픈 및 실행 에너지, 교통 분야에 집중 관리	지속 가능한 이웃 프로젝트 : 공공, 민간, 기업, NGO, 연구기관 5개 영역 내 총 9개 기관 파트너십 구성 : 에너지 소비 절감 위한 행동 변화 유도 : 마을 거주자 대상 스마트 미터기, 디스플레이 설치/보급
핀란드 헬싱키	사용자 주도의 개방형 도시계획 수립 과정에서 이해관계자들의 민주적 의사결정 강조	포럼 비리움 헬싱키(FVH, Forum Virium Helsinki) : 헬싱키시의 혁신 단위, 개방형 디지털 서비스 제공하는 혁신 클러스터 스마트 칼라사타마 : 도시 혁신 위한 공공, 민간, 시민 협력 : 스마트 도시 생활, 서비스 실험하는 공간 : 에너지, 환경, 교통 등 파일럿 프로젝트 추진, 기술의 사회적 수용 가능성 점검 지역 정보 공유(HRI, Helsinki Region Infoshare) : 오픈 데이터 통한 개방 혁신 추구 모델로 도시 관련 공공 데이터를 시민에게 공유하는 서비스 : 4개 시에서 클라우드 기반으로 데이터 공유 : 개인/공공정보 활용하여 지역/사회 문제 해결
덴마크 코펜하겐	도시문제 해결을 위한 기술 탐색/사업화 유형 제품 설계, 실험, 표준화, 상용화까지 통합적 체계 구축	네트워크 플랫폼 Gate 21 운영 : 지자체, 기업, 연구기관이 만나는 통합 창구 : 교통, 건물/도시, 에너지, 녹색성장, 순환경제 등 다양한 도시문제에 대한 솔루션 제공 덴마크 실외조명 연구소 DOLL : 유럽 최대의 조명 실증단지, 테스트 공간 운영 : 앨버트슬런드 시내의 14km 도로에 조명 시현 : LED, 센서, 와이파이 지능형 관리 및 통합 등을 통해 실외조명 솔루션 개발, 에너지 절감 목표

출처: 성지은·이유나, <스마트시티 리빙랩 사례 분석과 과제>, 과학기술정책연구원, 2018(표로 재가공).

원' 전담조직을 신설하고 교류 및 협력을 구체화하기 위해 2020년 1월 30일 협력관 3명을 현지에 파견한 상황이다.

그 외에도 우리나라의 시장 진출 용이성과 해당 시장의 성장성 등을 고려하여 베트남 등 동남아시아 국가를 수출 대상국으로 우선 고려할 수 있을 것이다. 2020년 4월에는 국토교통부에서 시행한 K-City 사업에 세계 각국에서 80건이 넘는 제안서를 제출하여 당초 6건 정도로 추진하려던 지원 프로젝트 규모를 대폭 상향해 12건의 프로젝트를 선정하여 추진하게 됐다. 이를 통해 아시안 국가와 중남미 국가 등에 우리나라의 노하우를 전수하면, 한국형 스마트시티 모델을 해외에서도 쉽게 찾아볼 수 있게 될 것이다.

이와 같이 세종시, 판교, 송도 등 도시 건설 경험이 풍부한 한국의 강점을 살려 해외 진출을 전제로 한 도시 수출 모델을 구축해야 한다. 그러나 도시 수출 활성화를 위해서는 우리나라 행정제도와 국민의 수요에 맞춰 구축되어온 도시의 개념에서 벗어나 초기부터 해외 수출을 위한 패키지화, 모듈화를 전제로 도시 모델을 구축해야 한다는 점을 유념해야 한다.

스마트시티는 기본적으로 정부(국가)가 고객이다. 산업의 범위도 일반 시민들의 삶에 밀접하게 결합되어 넓고, 국가마다 요구하는 도시의 모델도 각기 다를 수밖에 없다. 산업의 규모도 기관 내 한 전담조직이 담당할 수 있는 규모를 넘어선다. 그러므로 스마트시티 수출 지원 전담기구 내에 한국가스공사, 한국전력공사를 포함하여 컨소시엄 형태의 민관협력 체계를 반드시 구축해야 한다.

도시 수출을 위해서는 민관협력 방식PPP의 통합적인 지원이 필요하다. 사업 발굴부터 개발, 금융 지원 등 PPP 전 단계 지원이 이루어져야 한다. 유무상 ODA, 경협자금, 글로벌 인프라 펀드 등 다양한 형태의 금융 지원과 ADB 등 국제기구와의 연계도 확대할 필요가 있다. 정부 내에 스마트시티청을 설립하고 스마트시티 대사를 신설하여 통합적인 지원을 실행하면 글로벌 IDC**Internet Data Center** 도시 순위권 진입도 가능할 것이다. 수출입 금융 지원 체제를 개발 협력기관들과 통합하여 '한국개발협력은행(가칭)'을 신설하는 등 체계적인 지원 체제 구축을 검토할 필요가 있다.

인도네시아, 베트남 등 급속한 경제성장을 이루고 있는 동남아시아는 도시 집중화 문제에 시달리고 있으며, 지역 균형 발전의 중요성에 대한 인식도 높아지고 있는 추세다. 2050년까지 중국과 아시아에서 30억 명이 도시로 진출할 것으로 전망되고 있다.

스마트시티는 해외를 대상으로 하는 대규모 사업으로, 2019년 11월 한-인니 정상회담에서 한-인니 수도 이전 및 개발에 대한 기술협력 업무협약을 체결한 바 있다. 이를 통해 인도네시아의 새 행정수도에 한국형 스마트시티 모델 도입을 추진할 예정이다.

인도네시아 신수도 건설 사업의 최대 난제는 재원 조달과 관련 재무적 위험을 최소화하는 것이다. 일부 국가에서는 인도네시아의 국제 신용등급, 재정적 상황을 감안하여 매우 회의적인 견해를 표출하고 있다. 국제 금융시장에서의 자금 조달을 원활하게 하는 동시에 인도네시아의 재정적 부담을 분산하는 방안으로서 '신수도 건설 프로젝트 회사'를 설립하되, 이를 '작은 국제기구' 형태로 설립하는 방안을 고려할 수 있다.

이러한 모형의 선례로는 한반도 핵문제를 해결하기 위해 설립한 바 있는 KEDO**Korean peninsula Energy Development Organization**(한반도에너지개발기구)가 있다. KEDO는 북한에 경수로를 건설하는 데 필요한 자금을 조달하기 위해 '작은 국제기구' 형태로 설립한 프로젝트 회사다. 국제기구 형태의 다국적 회사들이 참여하는 프로젝트 회사는 인도네시아의 낮은 국제신용등급을 보완하여 국제 금융시장에서 대규모 자금 조달을 원활히 할 뿐 아니라 인도네시아 자체의 재정 운용 부담을 완화하는 장점이 있다.

스마트시티는 21세기 '노아의 방주'

4차 산업혁명의 총화인 스마트시티는 인류의 지속 가능한 삶을 제시한다. 스마트시티는 인류 최대의 발명품이자, 21세기 '노아의 방주'가 될 것이다. 스마트시티 확산을 통해 궁극적으로 디지털 경제 발전을 도모할 수 있다. 데이터 기반의 스마트시티는 데이터 수집, 구성 설계, 분석을 통해 서비스를 발굴하고, 데이터 검증 과정에서 다양한 비즈니스 활동이 생성될 것이다. 또한 스마트시티 내 데이터를 모으는 데이터센터 또는 데이터 거래소는 향후 거대한 디지털팩토리가 될 것이다. 이를 통해 다양한 디지털 솔루션과 상품을 개발할 수 있을 것이며, 공공 데이터와 민간 데이터를 연계하여 활용하는 방안이 중요해질 것이다.

중국 슝안신구, 한국 세종시, 미국, 일본, 버추얼 싱가포르 등 전 세계에서 1,000여 곳의 스마트시티가 실험 중에 있다. 미국 등을 중심으로 민간의 스마트시티 시장 참여도 증가하는 추세다. 중국의 스마트시티 시장 규모는 2016년에는 약 16조 원이었지만 2020년에는 약 734조 원에 달할 것으로 전망된다.

최근 전 세계적으로 진행되는 스마트시티의 양상을 살펴보면, 기존의 도시 인프라에 정보통신기술을 접목하여 도시의 관리 효율성을 높이고, 시민들의 삶의 질을 향상시키는 차원을 넘어서고 있다. 또한 IoT, AI 등의 기술 발전 속도가 빨라지면서, 기술 위주의 스마트시티보다는 기술을 기반으로 인간 중심의 스마트시티를 조성하는 데 방점을 두고 있다. 특히 시민들의 공감을 이끌어내기 위해 별도의 프로그램을 고안하여 이를 실행하는 노력도 보인다.

스마트시티는 에너지, 교통, 의료, 주거와 삶의 행태가 결합된 미래 시대의 핵심 아이템이다. 특히 코로나19를 계기로 스마트시티의 효용성이 입증되었기에 향후에는 K-방역을 중심으로 다양한 형태의 스마트 헬스케어 모델도 개발될 것이다. 이와 같은 디지털 기술과 시스템 등 한국의 강점을 살려 해외 진출을 전제로 한 도시 협력 모델을 구축하고 글로벌 시장을 선도해야 한다. 스마트시티를 통해 인류 문명을 더 따뜻하고, 포용적이고 지속 가능하게 하고, 단순한 기술 활용이 아닌 더 나은 삶을 보장하는 혁신 모델이자 각국의 상황에 맞는 디자인을 통해 스마트시티 산업이 우리나라의 미래를 책임질 수 있는 핵심 산업으로 자리매김할 수 있게 국가적인 역량을 결집해야 한다.

참고문헌

- 국토교통과학기술진흥원, 〈스마트시티 국가혁신성장동력 프로젝트 사업단 소개〉, 2019.
- 국토교통부, 〈제3차 스마트도시 종합계획(2019~2023)〉, 2019.
- 국토교통부, 〈도로 기술개발 전략안(2021~2030) 수립 보도자료〉, 2019.
- 국토교통부, 〈스마트 철도안전관리체계 기본계획(2018~2027) 수립 보도자료〉, 2018.
- 국토연구원, 4차 산업혁명을 견인하는 '디지털 트윈공간(DTS)' 구축 전략, 〈KRIHS POLICY BRIEF〉, No. 661, 3쪽, 2018.
- 국토연구원, 〈한국형 스마트시티 해외진출 전략수립 및 네트워크 구축〉, 2016.
- 성지은 · 이유나, 〈스마트시티 리빙랩 사례 분석과 과제〉, 과학기술정책연구원, 〈동향과 이슈〉, 제47호, 2018.
- LG CNS 스마트시티사업추진단, 〈글로벌 스마트시티 투자 규모 전망(2010~2030년)〉.
- 유상이 · 김민혁, 〈디지털 트윈(Digital Twin) 기술 동향 및 우편물류 적용방안〉, 2020.
- 이근형 · 장원석 외, 《한눈에 읽는 스마트시티》, 지식공감 출판사, 2019.
- Catapult, "Smart City Demonstrators", 2018.
- Catapult, "The Logic of Innovation Locations", 2017.
- DHL Trend Research, "Digital Twin in Logistics", 2019.
- EC, "The making of a smart city: best practices across Europe", 2017.

맺는 글: 미래의 주인공이 되는 길은 미래를 창조하는 것

여시재 포스트 COVID-19 연구팀

2020년 1월 여시재 연구원들은 3월 말로 예정돼 있던 중국 보아오 포럼 참가를 앞두고 주말도 반납한 채 막바지 준비로 바쁜 시간을 보내고 있었다. 2020년 보아오 포럼의 주제는 "변화하는 세계—공유된 미래를 위한 연대A World in Change: Bond Together for a Shared Future"로, 여시재는 인류의 지속 가능성 위기를 해결하기 위한 핵심 요소로 '에너지', '디지털 기술', '도시'를 선정해 세계 석학들과 함께 미래를 전망하고 해법을 모색하는 특별 세션을 준비하고 있었다. 중국 후베이성 우한에서 폐렴으로 사망자가 속출하고 있다는 뉴스가 보도되었지만, 당시만 해도 그 심각성을 깨닫지 못했다. 그러나 우한에서 시작되었다는 질병은 순식간에 중국을 넘어 아시아 전역과 유럽, 호주, 미국으로 퍼져나갔다. 폐렴은 'COVID-19(한국에서는 코로나19라는 용어로 통용)'라는 새로운 이름을 얻었다.

결국 보아오 포럼은 무기한 연기되었다. 특별 세션 패널들과 세부 내용을 조율하며 성공적인 포럼 개최를 위해 전력 질주하던 연구원들로서는 상당히 맥이 빠지는 상황이었다. 한순간에 세상의 화두가 'COVID-19', 즉 코로나로 바뀌었다. 그러나 코로나가 인류에게 던진 질문을 들여다볼수록 그 핵심은 여시재가 준비해온 세션의 지속 가능성 문제와 맥이 닿아 있었다. 이번 팬데믹이 인류가 살아온 방식에 대한 자연의 반격이며, 지속 불가능한 삶의 패턴을 바꾸는 계기가 되어야 한다는 지적은 여시재가 세상을 향해 이야기하고 싶던 주제이기도 했다. 세계적인 국제 행사에 참가해 우리의 연구 결과를 공유할 기회는 사라졌지만, 같은 문제의식으로 코로나 이후를 전망하고 더 나은 미래를 설계하는 작업을 시작했다.

사람들을 자유롭게 만날 수 없으니 화상회의에 의존할 수밖에 없었다. 해외 석학들과의 세미나는 웨비나webinar로 대체되었다. 시간과 공간의 제약이 없으니 오히려 온라인을 통한 국제 세미나와 포럼은 더 빈번하게 이루어졌다. 여시재에서는 한 해 전인 2019년에 이미 비대면으로 국제회의를 진행할 수 있는 시스템을 준비해왔지만 실제 활용은 제대로 하지 못했다. 오프라인에서 이루어지는 세미나와 포럼에 익숙했기 때문이다. 그러나 팬데믹은 이 같은 관성을 깼다. 물론 가보지 않은 길을 가기에 시행착오가 있었지만, 시행착오에서 배우며 새로운 시도를 이어갔고 진화해나갔다.

코로나19로 세상이 바뀐 것이 아니라, 새로운 세상이 조금 일찍 왔을 뿐이라고 한다. 우리의 일상부터 산업과 노동, 국가와 국제정치 등 모든 분야에서 원하든 원하지 않든 변화된 새로운 세상을 거부할 수 없게 되었다. 이제는 그 변화의 방향을 읽고 기민하게 움직여 새로운 세상에 적응할 수 있도록 지혜를 모아야 한다는 데 모두가 공감했다.

세계적 베스트셀러 《사피엔스》로 유명한 역사학자 유발 하라리Yuval Harari 교수는 〈파이낸셜타임스〉에 기고한 '코로나 이후의 세계'에서 "폭풍은 지나갈 것이고, 인류는 생존할 것이다. 우리의 대부분은 살아남겠지만, 지금과는 다른 세상에서 살아가게 될 것이다"라고 썼다. 그러면서 그는 "인류는 두 가지 힘들고 중요한 선택을 해야 한다. 첫째는 전체주의적인 감시 체제와 시민 역량 강화 사이에서의 선택이다. 둘째는 민족주의적 고립과 글로벌 연대 사이에서의 선택이다"라며 지금 우리의 선택이 미래의 세상을 형성하게 될 것이라고 강조했다.

노멀이 포스트 노멀이 되고, 새로운 노멀의 세상이 예견되는 미지의 갈림길에서 우리는 하라리가 지적한 고립과 연대, 전체주의와 시민 역량 강화 사이의 선택뿐 아니라 우리의 미래 모습을 큰 폭으로 갈라놓을 많은 문항의 선택지를 받아 들게 되었다.

한국이 나아갈 방향에 대해 각계에서 많은 논의가 이루어지고 있다. 여시재 역시 코로나19가 몰고 온 폭풍 뒤 펼쳐질 새로운 세상을 맞을 지혜를 모으는 작업을 해왔으며, 현재도 진행 중이다. 포스트 코로나와 한국의 미래를 주제로 진행한 세 차례 세미나도 그 노력의 일환이었다. 우리의 논의가 대한민국의 발전과 인류의 행복한 미래에 기여할 수 있기를 기대한다.